DICAS DE FENG SHUI PARA UMA VIDA MELHOR

Leia também:

Simplificando o Feng Shui:
Criando o design de sua vida
com a antiga arte do posicionamento
de William Spear

DICAS DE FENG SHUI PARA UMA VIDA MELHOR

RIQUEZA
FAMÍLIA
CARREIRA

AMOR
CRIATIVIDADE
SAÚDE

氣 **David Daniel Kennedy** 風水

Prefácio do Professor Lin Yun

Tradução
MARILENE TOMBINI

BERTRAND BRASIL

Publicado originalmente por Storey Communications, Inc.
Pownal, Vermont USA

Título original: *Feng Shui tips for a better life*

Capa: Simone Villas Boas

Ilustrações: Sarah Brill

Caligrafia: Professor Lin Yun

Editoração: Art Line

2001
Impresso no Brasil
Printed in Brazil

Cip-Brasil. Catalogação-na-fonte
Sindicato Nacional dos Editores de Livros, RJ

K43d

Kennedy, David Daniel
Dicas de Feng Shui para uma vida melhor: riqueza, família, carreira, amor, criatividade, saúde / David Daniel Kennedy; prefácio do Professor Lin Yun; tradução Marilene Tombini; [ilustrações, Sarah Brill]. — Rio de Janeiro: Bertrand Brasil, 2001.
192p.

Tradução de: Feng Shui tips for a better life
ISBN 85-286-0812-3

1. Feng-Shui. I. Título.

CDD - 133.3337
CDU - 133.3

01-0321

BCD UNIÃO DE EDITORAS S.A.
Av. Rio Branco, 99 — 20º andar — Centro
20040-004 — Rio de Janeiro — RJ
Tel.: (0xx21) 263-2082 Fax: (0xx21) 263-6112

Atendemos pelo Reembolso Postal.

Sumário

Dedicatória

Aos que utilizam o conhecimento do Feng Shui para aperfeiçoar suas vidas.

Agradecimentos

O autor agradece:

Ao instrutor e mentor Professor Thomas Lin Yun.

A Sarah Rossbach, por trazer os ensinamentos do Professor Lin para a América.

A Crystal Chu, Ho Lynn Tu e à equipe do Templo Yun Lin.

Aos instrutores de Feng Shui, James Moser e Seann Xenja.

A Arisha, por ajudar-me na jornada com o Feng Shui.

Prefácio

Tigres revoltos como o vento,
Dragões retorcidos como nuvens
Parecem tão irreais, contudo tão verdadeiros.
Água límpida, campos verdejantes,
Todas as coisas parecem animadas.
Onde o carma inicia e cessa,
A vós revelarei este grande conhecimento.

— Lin Yun

UM ANTIGO PROVÉRBIO CHINÊS DIZ: "Quando o decoro (*li*) se perde, é preciso reavê-lo de *ye*." Como a palavra *ye* pode tanto significar "cultura folclórica" (em oposição à cultura da elite) quanto "país estrangeiro" (em oposição à pátria), este provérbio tem dois significados diferentes. Primeiro, significa que, ao mesmo tempo em que certos costumes e práticas, como o *Feng Shui*, podem ter sumido dos círculos da elite, mantêm-se vigorosamente presentes na cultura folclórica. Segundo, que mesmo tendo sido suprimido na Índia, onde se originou, o Budismo prosperou na China longínqua, enriquecendo e sendo enriquecido pela civilização chinesa. Há inúmeros exemplos dessas duas ocorrências na história comparada das culturas.

Com referência ao primeiro significado do provérbio, embora diversas culturas dêem nomes diferentes para o mesmo fenômeno, o que chamamos de "Feng Shui" pode ter-se iniciado com a gênese da sociedade humana. Até mesmo as sociedades primitivas sabiam usar seu conhecimento para ficar em harmonia com a natureza. O Feng Shui, portanto, representa as experiências presentes e passadas vividas pelos seres humanos. Não deveríamos nos apegar a ele sem uma razão, mas sim dotá-lo de um novo significado à luz do tempo e avanços do conhecimento humano. Alguns intelectuais chineses sacrificaram o conhecimento ocidental à custa de sua herança cultural tradicional. Aqueles que têm uma mente ocidental científica infelizmente encaram o Feng Shui com desdém, mesmo que este represente a tradicional sabedoria intuitiva chinesa.

Desde 1973, venho fazendo conferências sobre a Seita Negra do Budismo Tântrico através dos Estados Unidos e do mundo. O Feng Shui folclórico chinês é um assunto que tenho estudado profundamente. Sempre aconselho meus amigos e alunos a não se considerarem superiores menosprezando os que possuem diferentes pontos de vista. Aos que encaram a Seita Negra do Budismo Tântrico como uma "superstição" ou uma "porta lateral" (não-ortodoxa), digo que estou acostumado a essas críticas e que delas me utilizo para aprender, mas fico totalmente à vontade com o que represento.

Sustento que uma crença supersticiosa ainda é uma crença, e uma "porta lateral" ainda é uma porta. Afinal de contas, qual é o caminho certo e qual é o errado? A terra é redonda; então, quem está do lado direito e quem está do lado esquerdo? Certo pode ser errado; errado pode parecer certo. Tudo depende da perspectiva de cada um e do contexto em que se vive. Escrevi um poema para transmitir esta idéia:

O universo é magnífico, enquanto a
terra é um círculo.
Portanto, quem está atrás e quem está em
primeiro plano?
Separar esquerda, direita, centro, lado,
pode ser nada mais que presunção.
Mesmo o despertar e a confusão ficam
entre realidade e ilusão.

Quanto ao segundo significado do provérbio, culturas diferentes podem se respeitar e aprender uma com a outra. A Seita Negra do Budismo Tântrico (em suas quatro gerações) tem sido parte integrante da religião Bon tibetana, do Budismo indiano e de diferentes ramos das culturas chinesas, inclusive do *I Ching* e do princípio do Ying-Yang, desenvolvendo uma perspectiva original da vida e do mundo. Ao chegar aos Estados Unidos, ela alcançou sua quarta geração, por mim representada.

Visto que o Ocidente superou o Oriente no espírito prático e na pesquisa, eu trouxe o Feng Shui para o mundo ocidental, no intuito de enriquecê-lo com o conhecimento moderno. Algum dia poderemos levá-lo de volta para o Oriente. Ao mesmo tempo que a quarta geração da Seita Negra do Budismo Tântrico não fica restrita pela ciência moderna, ela está aberta à verificação científica como uma troca mútua e enriquecedora de informações.

Fundei uma Escola de Feng Shui da Seita Negra do Budismo Tântrico, que é semelhante e diferente das escolas tradicionais de Feng Shui. A minha, como as outras, está implantada nas duradouras tradições chinesas. Todas elas tentam oferecer uma orientação que ajude as pessoas a criar ambientes ideais para suas casas e locais de trabalho. Isto é Feng Shui. Entretanto, a minha escola distingue-se das outras em três aspectos importantes:

1. Ela retém a essência do Feng Shui tradicional e os princípios básicos de geomancia. Contudo, enfatizamos o aprendizado dos Oito Trigramas (*ba-gua*) e o uso da Mutação Constante dos Oito Trigramas (*ba-gua*) ao ajustar o Feng Shui. Damos igual importância às formas dos objetos (*xing*) e às intenções da pessoa (*yi*). Não consideramos a bússola (*lo-pan*) como o único instrumento essencial para a leitura do Feng Shui. Observamos a ordem dos objetos, mas enfatizamos sua Boca do Chi e relativo posicionamento.

2. Acrescentamos o moderno conhecimento científico para interpretar o Feng Shui e, além disso, defendemos soluções mundanas e transcendentais para ajustar o Feng Shui.

3. Combinamos o Feng Shui com estudos espirituais e religiões populares.

Devido a essas características, minha Escola de Feng Shui da Seita Negra do Budismo Tântrico é acessível e útil a muitos ocidentais. Houve uma onda de interesse no estudo do Feng Shui nos últimos anos. Sarah Rossback, estudiosa eminente, publicou quatro livros com minha colaboração, que foram muito bem recebidos e traduzidos para diversos idiomas. Aonde quer que eu vá em minhas viagens como conferencista, percebo o entusiasmo que as pessoas têm em relação ao Feng Shui, inclusive os mais diversos líderes, eruditos, além de fiéis e pastores de outras religiões. Creio que o Feng Shui da Seita Negra do Budismo Tântrico não apenas foi aceito pelos ocidentais, mas também exerceu um forte impacto na arquitetura, decoração de interiores, paisagismo, planejamento urbano e de imóveis. Ele fornece importante consultoria para o projeto de prédios comerciais, aeroportos, ancoradouros e residências. A sabedoria oriental atravessou as fronteiras nacionais neste aspecto.

O Sr. David Daniel Kennedy é um de meus discípulos nos Estados Unidos. É uma pessoa culta e piedosa. Beneficiando-se com o Feng Shui, ele dedicou suas energias a escrever este livro prático, explicando o Feng Shui para que outros se beneficiassem também. Ele inicia com os princípios básicos e se expande em uma grande série de tópicos: de riqueza a amor, de saúde a família e filhos e depois a fama, conhecimento e mais. O iniciante pode lucrar diretamente com este livro de fácil compreensão, enquanto que os já familiarizados com o assunto ganham uma compreensão clara e sistemática a partir de uma nova perspectiva. O mais importante é o fato de o Sr. Kennedy fornecer mais de cem soluções transcendentais da Escola da Seita Negra do Budismo Tântrico, que de outro modo permaneceriam irreveladas. Gostaria de recomendar este livro altamente prático e interessante a qualquer leitor que compartilha nosso carma comum. E estendo meus parabéns ao Sr. Kennedy por sua realização.

— Professor Lin Yun

Traduzido pelo Professor Chin-Chuan Lee.

"Feng Shui"

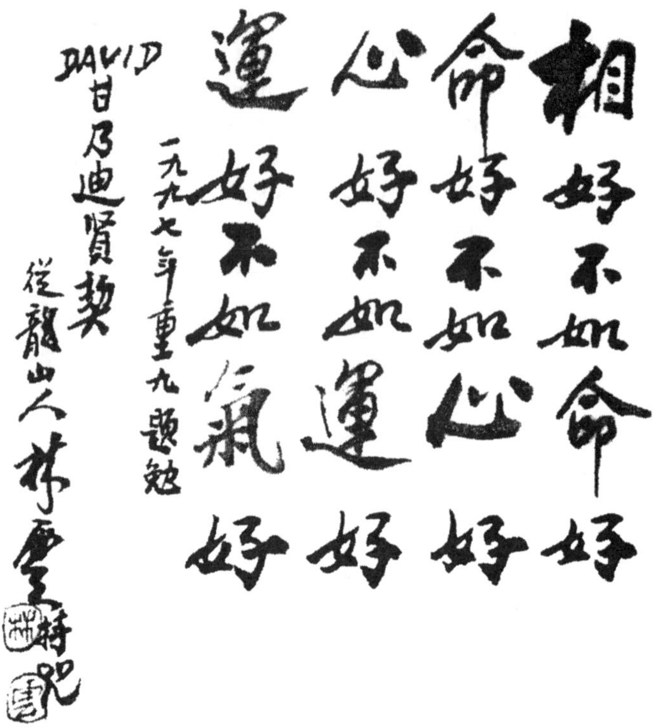

"Bom Chi" (Este provérbio está traduzido para o português na página 25.)

Bem-vindos ao Feng Shui

Não se trata do fato de que você cria sua casa,
a sua casa também cria você.

BEM-VINDOS AO FENG SHUI, a arte chinesa do posicionamento auspicioso. Você está começando a descobrir um modo muito prático de equilibrar seu ambiente e melhorar sua vida, embora esse modo tenha 3.000 anos.

Este livro trata da modificação do ambiente como forma de criar boa sorte, prosperidade e uma vida melhor. Nestas páginas, encontram-se mais de duzentas maneiras específicas e poderosas de modificar a casa e o escritório para aproveitar mais a vida. Queira você aumentar a riqueza, gozar de melhor saúde ou simplesmente viver num ambiente mais confortável, encontrará muitas técnicas que irão satisfazer suas necessidades.

Se por acaso for principiante em Feng Shui, aprenderá um processo simples e ao mesmo tempo poderoso de modificar sua relação com a casa. Se já é experiente com o Feng Shui e quer acrescentar outros conhecimentos ao seu repertório, encontrará muitas maneiras novas e eficazes de aplicá-lo em sua vida.

Há séculos, o Feng Shui vem melhorando o destino e a sorte de seus seguidores, ao mesmo tempo que gera uma enormidade de benefícios à existência. Usando os métodos do Feng Shui, podem-se mudar as experiências de vida de modos bem significativos: aumentando a sorte, tendo mais felicidade e conseguindo mais controle sobre as circunstâncias. Usar o espaço para fomentar desejos e sonhos pode ser um novo modo de encarar a vida, mas é um que você achará prazeroso e altamente gratificante.

Como Usar Este Livro

Este livro pode ser usado de duas maneiras:

1. Como texto. Leia-o todo, observando as sugestões que lhe interessam mais. Isto lhe dará uma compreensão geral de como funcionam e quais se aplicam às suas necessidades.

2. Como manual de consulta. Vá direto aos capítulos que lhe interessam mais e saiba o que fazer com as sugestões que podem ajudá-lo imediatamente. À medida que aplicá-las e for percebendo como a vida melhorou, é possível que suas necessidades e desejos evoluam e mudem. É sempre possível voltar e ler as seções que você deixou para trás.

Como Tirar o Máximo Deste Livro

1. Leia o capítulo 1, "Princípios Básicos do Feng Shui", para obter uma compreensão básica de como seus métodos funcionam.

Perspectiva

Este livro é escrito sob a perspectiva da escola de Feng Shui da Seita Negra do Budismo Tântrico do Professor Lin Yun. Ao mesmo tempo que é bastante acessível aos ocidentais, este sistema contém técnicas que geram resultados poderosos. As aqui ensinadas podem diferir das de outras escolas de Feng Shui, mas são eficazes e de fácil aplicação. Os créditos pelas teorias e técnicas aqui presentes vão para o Professor Lin Yun; por favor, atribuam quaisquer erros ou omissões ao autor somente.

2. Comece a escrever um caderno sobre o Feng Shui em sua vida. Primeiro, anote de uma a três áreas que deseje melhorar. Aqui apresentamos as áreas da Riqueza, Amor e Romance, Saúde e Vitalidade, Negócios e Carreira, Oportunidades, Família e Filhos, Reputação e Fama, Amigos e Pessoas Prestativas, Conhecimento e Auto-Aperfeiçoamento, e Situações Especiais.

   Decida as mudanças que quer operar nas áreas existenciais que escolheu e anote-as.

3. Leia os capítulos que se aplicam às áreas que gostaria de ver modificadas. Anote as sugestões que melhor se ajustam às suas necessidades, capacidade, gosto e orçamento.

4. Em seguida, leia o capítulo 12, que inclui sugestões para tornar as mudanças do Feng Shui o mais eficazes possível.

5. Aplique as sugestões escolhidas o mais rápido que puder. Urgência e ação ajudam a criar ímpeto e mudança em seu ambiente e na sua vida. Confira cada sugestão de sua lista, marcando o que já tiver sido feito.

6. Observe as mudanças que começam a ocorrer em sua vida, tanto as repentinas como as graduais. A expectativa e a percepção das transformações que deseja são fatores-chave do processo. Podem-se observar melhoras imediatas e profundas numa área da vida em que se está trabalhando e, noutra, uma transformação mais lenta e gradual. À medida que você observa as coisas se modificando em resposta ao Feng Shui que praticou, será capaz de julgar a necessidade de trabalhar mais em qualquer área da sua casa ou da sua vida.

7. Ao sentir-se pronto para mais Feng Shui, reavalie as áreas de sua vida, escolha mais algumas sugestões e mergulhe novamente!

Quando se começa a aplicar o Feng Shui, é possível observar que ocorre uma mudança na percepção. O ambiente parece "tornar-se vivo" à medida que se interage com o espaço de forma mais consciente e intuitiva. Você começará a criar a sua "visão de Feng Shui", reconhecendo as características de sua casa que o estavam limitando e as que podem ser melhoradas.

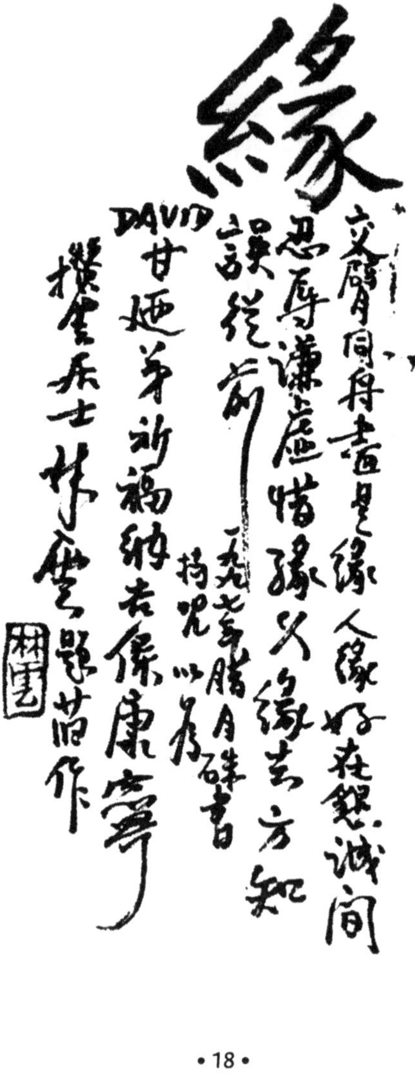

"Destino"

1

Princípios Básicos do Feng Shui

ESTE CAPÍTULO INTRODUZ os conceitos e princípios do Feng Shui que propiciam uma compreensão básica do processo: sua definição, fundamentos e teoria. Ao terminá-lo, você será capaz de ler a planta baixa da sua casa, podendo assim começar a aplicar as sugestões do Feng Shui à sua vida.

O que É Feng Shui e Como Funciona?

Feng Shui é a arte de usar arranjos e disposições para melhorar a vida. É um modo de manipular fatores ambientais que acentuam a energia vital do ambiente e favorecem o destino. A energia vital, conhecida como *chi* entre os chineses, é a força básica que anima todas as coisas vivas, e o seu fluxo de chi irá melhorar e se fortalecer, à medida que você aplicar os princípios do Feng Shui.

O termo Feng Shui (*fāng chuei*) significa "vento-água". Origina-se de um provérbio chinês que descreve o melhor lugar para se viver:

Onde o vento é suave e o sol é quente,
A água clara e a vegetação viçosa.

O objetivo do Feng Shui é criar harmonia entre o homem e a natureza, colocando-o na melhor localização e circunstâncias possíveis.

O Professor Lin Yun, Mestre de Feng Shui, lhe dá outra definição:

> *Feng Shui é o método que as pessoas naturalmente usam para escolher e localizar, construir e edificar, ou adaptar e modificar seus ambientes residenciais e de trabalho para obter o máximo de saúde, riqueza e bem-estar, segundo o conhecimento então disponível.*

Esta definição afirma que todos os seres humanos em todas as culturas e tempos têm usado uma "engenharia ambiental própria" que melhora suas vidas, tendo ou não um termo específico como *Feng Shui* para descrever suas práticas.

Na tradição chinesa, o Feng Shui é apenas um dos fatores-chave que afetam nossas vidas. Segundo o professor Lin, estes são os principais fatores para o sucesso, em ordem de importância:

- Sina ou destino
- Sorte
- Feng Shui
- Acúmulo de feitos bons
- Educação
- Outros

É claro que as melhores circunstâncias da vida originam-se da existência de características benéficas em todas essas áreas. O Feng Shui, entretanto, é um dos fatores existenciais sobre os quais temos um significativo grau de controle. Ajustando e aperfeiçoando nosso Feng Shui, temos a oportunidade de melhorar nossa sorte e conduzir nosso destino em uma direção mais propícia.

Breve História do Feng Shui

Esta antiga arte e ciência tem sido praticada e refinada na China há milhares de anos. Surgiram muitos métodos, dos quais só alguns estão em prática atualmente.

O Feng Shui teve início como um estudo dos locais mais adequados para sepulturas. Esta prática se baseava na crença de que as sepulturas eram "casas" para os ancestrais. As pessoas acreditavam que localizar as sepulturas dos ancestrais e governantes de modo auspicioso ajudava a assegurar o sucesso futuro das famílias e da nação.

Essa prática desenvolveu-se no estudo dos locais e condições mais poderosos para os palácios reais e templos religiosos. Logo, ricos proprietários de terra ficaram interessados em aconselhar-se a respeito do Feng Shui para suas próprias casas.

Monges e sábios, muitos dos quais eram uma combinação de pastor religioso, médico, astrólogo e adivinho, foram os primeiros praticantes de Feng Shui. Após um exame minucioso do local, estes magos da energia dariam conselhos detalhados sobre como, quando e onde localizar e construir a casa. Finalmente, este conhecimento tornou-se mais comum entre o povo, e praticantes leigos começaram a usar o Feng Shui como um negócio.

Escolas de Feng Shui

Nos últimos seis mil anos, surgiram dois métodos principais de se praticar o Feng Shui tradicional: o Método da Bússola e o Método das Formas. O praticante do **Método da Bússola** levava uma leitura astrológica para que o dono da casa determinasse onde deveria ficar a frente. Os mestres do Feng Shui da Bússola usavam um tipo de bússola especial (*lopan*) que determinava a colocação e orientação ideal da casa. Aspectos adicionais do processo de construção, que incluem a proporção, dimensão, tempo e data para iniciar a construção, além de muitos outros, eram calculados com base nas leituras da bússola, numerologia e posições dos corpos celestes.

O **Método das Formas** tinha os mesmos objetivos básicos sob outro ângulo, com ênfase na leitura e interpretação das formas e energias visíveis e invisíveis da paisagem local. As formas da terra, que incluíam dragões, tigres, fenices, tartarugas e outros, eram interpretadas de modo simbólico, cada uma com níveis variados de significado. Outros fatores considerados eram a natureza e o fluxo das águas, os padrões locais do clima e as vistas observadas de cada direção. As formas da terra do local escolhido estariam em harmonia com o propósito da construção segundo as necessidades específicas do proprietário.

Embora a maioria dos mestres tradicionais de Feng Shui da atualidade que o praticam em Hong Kong, Taiwan e nas comunidades chinesas ocidentais usem uma combinação dos métodos tradicionais da Bússola e das Formas, outros métodos de Feng Shui também surgiram com o passar dos anos. Entre eles o **Método da Simbologia**, pelo qual todas as coisas do ambiente são vistas e interpretadas como símbolos para o entendimento da energia, e o **Método de Leitura do Chi**, que enfatiza o sentir a energia da construção através do corpo, dos sentidos e das emoções para proporcionar aos ocupantes uma compreensão intuitiva do Feng Shui.

Além desses métodos tradicionais, uma escola mais recente foi introduzida pelo Professor Lin Yun, denominada **Feng Shui da Seita Negra**, que se originou da Seita Negra

Enfim, todas as escolas e métodos de Feng Shui têm o mesmo objetivo — criar equilíbrio entre o homem e seu ambiente.

do Budismo Tibetano. Ela é eclética, apresentando ensinamentos indianos, tibetanos e chineses, além de uma abordagem ocidental de ecologia e ciências ambientais. O Feng Shui da Seita Negra combina diversas escolas de Budismo, Taoísmo, métodos folclóricos e teorias do Professor Lin num grande corpo de poderosas técnicas que promovem mudanças existenciais. Aplicá-las eficazmente em sua vida não requer a adoção de qualquer sistema de crença ou ideologia estrangeira, mas simplesmente uma mente aberta e o desejo de melhorar a energia de sua residência.

Os Envelopes Vermelhos e a Tradição Oral do Feng Shui

Visto que o sistema do Feng Shui da Seita Negra é uma tradição oral, as curas tornam-se ainda mais poderosas quando são ensinadas de viva voz. Segundo a tradição, os instrutores da Seita Negra pedem envelopes vermelhos de "sorte", contendo dinheiro, para seus alunos ou clientes em troca de curas faladas de Feng Shui. A prática do envelope vermelho reverencia os professores pela informação e ajuda a salvaguardar o poder da tradição.

Como Funciona o Feng Shui?

O Feng Shui funciona através do equilíbrio e harmonização do chi, ou "força energética da vida", que flui dentro e em torno de nossas casas, pátios e escritórios. Segundo sua teoria, cada prédio recebe energia do ambiente que o cerca, e essa energia circula dentro dele. A combinação dessas energias ambientais e de suas características é o "estado de chi" ou saúde energética do prédio. Os primeiros mestres em energia da China pesquisaram e registraram os padrões energéticos que mais contribuem para o equilíbrio geral da vida, levando ao acúmulo do conhecimento Feng Shui.

A cada minuto todos os dias, seu ambiente doméstico o está apoiando e elevando ou promovendo um efeito desgastante e consumidor de energia em sua vida. Isto é verdadeiro, quer você esteja consciente ou não de que está acontecendo! Esta é a verdade interior do Feng Shui. Realçar a energia da casa corresponde a um impacto direto e imediato na sua própria energia e na vida. A energia pessoal é a base da vida, e realçá-la é um meio poderoso de maximizar seu destino.

A Teoria do Chi

Um dos princípios mais básicos do Feng Shui é a teoria do chi. *Chi* é uma palavra chinesa de vários significados, que incluem alento, espírito, vitalidade e energia vital. Outras culturas também possuem um termo para essa energia, como o *ki* (japonês), o *prana* (indiano), o *mana* (havaiano), a *força da vida* (ocidental) e muitos outros. Neste livro, os termos "chi" e "energia" referem-se ao mesmo fenômeno.

Chi é a força interior invisível que pulsa em todas as coisas vivas, proporcionando energia, movimento e vitalidade. Uma pessoa saudável, forte e equilibrada possui um "bom chi" ou um chi saudável. O chi de uma pessoa fraca ou doentia é descrito como pobre ou ausente.

O Chi e o Corpo Físico

Como o Professor Lin Yun afirma, "o chi é o eu real, e o corpo é o veículo para o chi". Este chi ou energia vital é o que anima o corpo, dá cor ao rosto, faz os membros se moverem e cria o brilho no olhar. Quando a pessoa morre, o que se vai é o chi, e o corpo "vazio" é deixado para trás.

Segundo a teoria médica chinesa, o chi flui pelos meridianos, ou caminhos, do corpo humano. Os meridianos levam a energia vital para os órgãos e membros. A medicina oriental tradicional é um sistema de interpretação da saúde orgânica através da observação de seu estado energético. Todos os níveis do organismo — sangue, sistema linfático, sistema nervoso e esqueleto — são considerados sujeitos ao chi. Todos dependem do chi para funcionar.

O Chi e a Terra

Assim como a energia chi flui pelos nossos corpos, flui também dentro da terra. Os veios ou meridianos de energia da terra chamam-se linhas do dragão. Onde o chi está perto da superfície, a terra é energética, viçosa e de rica vegetação; onde o chi circula muito abaixo da superfície, a terra é estéril e seca.

O Chi em Nossas Casas

O chi flui em toda a estrutura de nossas casas baseado na geometria, disposição, cores e materiais usados, além de

A Importância do Chi

Ter uma boa fisionomia (estrutura facial) não é tão bom quanto ter um bom destino
Ter um bom destino não é tão bom quanto ter um bom coração
Ter um bom coração não é tão bom quanto ter boa sorte
Ter boa sorte não é tão bom quanto ter um bom fluxo de chi

— Professor Lin Yun

outros fatores que constituem a estrutura. A disposição das peças, proporções do desenho e a relação da casa com o terreno criam canais e padrões energéticos dentro da residência. A razão para a importância de se equilibrar o fluxo de energia da casa é que este chi é um dos fatores mais poderosos que continuamente condicionam e afetam o suprimento e fluxo do seu próprio chi pessoal.

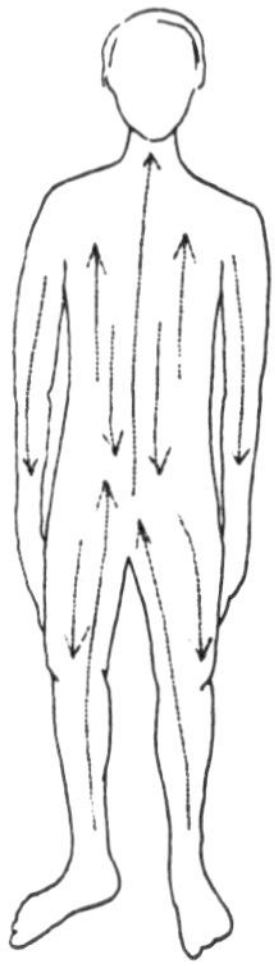

O chi fluindo em uma pessoa (à direita).
O chi fluindo dentro de uma casa (abaixo).

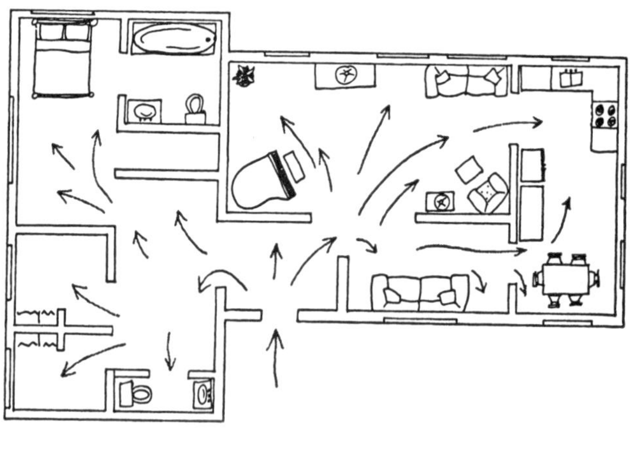

Tipos de Chi e Cultivo do Chi

Há diversos tipos de chi no universo:

Chi	**Descrição**
Natural	A energia da natureza, das plantas e dos animais
Celeste	A energia do céu e dos corpos celestes
Humano	A sua energia — a energia interna dos humanos
Doméstico	A energia que circula na casa
Social	A energia da nação

A Casa como Corpo

Metaforicamente, a casa é seu "segundo corpo". O modo como se trata este segundo corpo tem um impacto bem real sobre o físico e os acontecimentos da vida. Cada elemento da casa contribui para a condição do chi ali presente. Assim como o corpo físico de alguém pode estar bonito, em forma e bem-vestido e ainda assim portar doenças internas, uma casa pode estar bem-construída e ricamente decorada e mesmo assim ter vários problemas energéticos ocultos que debilitam e criam obstáculos para as vidas de seus habitantes.

A missão do Feng Shui é combinar o chi da casa com o chi de seus ocupantes. O chi de sua casa não é uma "força misteriosa" que vaga e ocasionalmente afeta seu destino. O chi do seu ambiente tem uma relação orgânica profunda com o seu próprio chi. Esses fluxos de energia estão continuamente se afetando, condicionando-se e criando-se mutuamente.

Todos esses tipos de chi afetam nossas vidas. Alguns podem ser difíceis de contrabalançar ou modificar, como o chi natural ou o social. O seu chi pessoal, contudo, é um fluxo que pode ser cultivado ou gradativamente construído e fortalecido. Alguns dos métodos que o Professor Lin Yun diz que as pessoas podem usar para cultivar seu chi são:

CULTIVO DO CHI	MÉTODO
Cultivo natural do chi	Passando tempos na natureza
Cultivo espiritual do chi	Empenho espiritual, como oração, meditação e leitura das escrituras
Transmissão do chi	Receber cura energética de terapeutas qualificados
Autocultivo	Estudo, disciplina e auto-aperfeiçoamento
Curas Feng Shui	Curas do chi ambiental e remédios para a residência e ambiente de trabalho

O Feng Shui é apenas uma das categorias de cultivo do chi. Os maiores benefícios existenciais originam-se da utilização do maior número possível de métodos de cultivo do chi; eles trabalham juntos para criar uma melhora geral do chi pessoal e da vida.

Todas as escolas de Feng Shui, independentemente da orientação, concentram-se na maximização do chi — equilibrando-o, alinhando-o, ampliando-o e desviando seus aspectos negativos sempre que possível. Os praticantes de Feng Shui são artistas e técnicos do fluxo do chi, que usam qualquer meio ao seu dispor para tecer o chi humano e ambiental em padrões de energia sustentadora, que alimente e proteja cada parte da existência.

Seus Sentimentos: A Chave para Sentir o Chi

Não é necessário gerar uma crença no chi ou dominar a capacidade de senti-lo para receber os benefícios do Feng Shui. O chi pode não ser de fácil percepção, mas é realmente possível sentir seus efeitos. O chi pessoal nada mais é do que a própria energia da pessoa — não é complicado ou difícil de sentir. O modo mais simples e fácil de percebê-la é, num dado momento, concentrar a atenção no que está acontecendo no seu físico e emocional. À medida que você se acostuma a prestar mais atenção às suas sensações, ficará mais sintonizado com os efeitos sutis que o ambiente exerce sobre sua energia. Ao regular seu chi com as mudanças proporcionadas pelo Feng Shui, sua capacidade de sentir o próprio chi e o do ambiente irá firmar-se.

Novos Ambientes

Um meio fácil de sintonizar-se no chi de um ambiente diferente é prestando mais atenção às suas sensações logo após entrar no novo ambiente. Este sentimento físico e emocional é a resposta do organismo ao chi ali presente. Esta simples sensação pessoal pode lhe dar uma boa idéia do caráter energético de um prédio. Como se sente ao entrar em certos bairros de sua cidade, nas casas dos amigos ou em diferentes peças de sua casa? Essas perguntas podem lhe dar informações importantes sobre o chi de qualquer espaço.

O período imediato que se segue à entrada em um novo lugar é quando se está mais sensível àquela energia. É quando a sensação do espaço fica mais óbvia em relação ao outro de onde se acabou de chegar. Após estar num espaço por alguns minutos, o sistema começa a ajustar-se à energia ali presente. Com o passar do tempo, você pode ficar "acostumado" e menos atento às características daquela energia. Se isto acontecer, preste bem atenção às suas sensações logo após entrar naquele mesmo lugar na próxima vez. (Mesmo ficando menos consciente de como se sente num espaço, não estará sendo menos afetado por sua energia.)

A Leitura do Chi de Novos Ambientes

Sempre que você está num espaço, seu organismo lhe envia mensagens. Tudo de que se necessita para "ler" o chi de um espaço em nível básico é prestar atenção a essas mensagens. É uma técnica muito simples e fácil de aplicar e, com o tempo e a experiência, vai-se melhorando nisso. Não desdenhe seus sentimentos! Eles dizem a verdade. A prática dessa simples técnica o tornará mais sensível ao ambiente e ao modo como ele está constantemente afetando você.

A energia de sua casa e de suas cores, formas, materiais, geometria, localização e disposição exerce influência contínua e profunda sobre seu estado energético, afetando-o numa diversidade de maneiras. Vinte e quatro horas por dia, sete dias por semana, seu ambiente transmite efeitos contínuos e extensos ao seu chi e ao de sua família. Talvez você ainda não esteja consciente da maioria desses efeitos.

Fluxo de Energia como Metáfora

Uma boa maneira de ver o Feng Shui é percebendo que os acontecimentos que ocorrem em sua vida resultam principalmente do estado do seu próprio fluxo de energia. Mesmo que pensar sobre "energia" e prestar atenção às sensações seja algo novo para você, é muito útil praticá-lo. Use o fluxo de energia como uma metáfora para sua vida, e ele o ajudará a criar um Feng Shui muito melhor em sua casa.

O Poder de Mudar –
A Escolha É Sua

Na filosofia oriental, o Feng Shui é um dos fatores mais importantes da vida, contribuindo para a saúde, longevidade e felicidade em geral. O chi causa impacto e condiciona todo o seu ser, inclusive o organismo, a mente, as emoções e o espírito. Se seu chi estiver deprimido, seus pensamentos e energia física ficarão deprimidos também. Se seu estado de chi estiver estagnado, você irá parecer e se sentir estagnado e emperrado. Se o seu chi estiver luminoso e animado, seu corpo e mente irão experimentar e projetar qualidades brilhantes e vivazes de energia.

Não há um "interruptor mágico" que se possa usar para apagar os efeitos do Feng Shui ou escapar deles. As únicas opções reais são:

- **Continuar sendo afetado como sempre pelo seu Feng Shui atual — para melhor ou pior.**
- **Modificar seu Feng Shui agora para criar uma vida melhor e mais poderosa.**

A escolha e o poder estão em suas mãos! Usando o Feng Shui para melhorar o chi de sua casa, você pode acentuar muito seu próprio chi. Seu melhor estado de chi irá automaticamente criar emoções, sentimentos, idéias, pensamentos, palavras e acontecimentos novos e mais agradáveis em sua vida.

Aumentar o Retorno com o Feng Shui

À medida que seu chi pessoal torna-se mais equilibrado, seus pensamentos e decisões melhoram, suas emoções tornam-se mais estáveis e harmonizadas, e oportunidades maravilhosas vêm ao seu encontro. Outras pessoas começam a perceber e sentem-se à vontade para colocar presentes e negócios em seu caminho. Sua sorte crescente fortalece seus bons sentimentos e chi positivo, dando início a um ciclo poderoso e lucrativo. Deste ponto de vista, o Feng Shui é um método prático de maximizar o destino.

O processo de praticar Feng Shui pela sensação da energia da casa, depois selecionando e executando as curas Feng Shui baseando-se em sua própria sensação da energia, torna-se uma bola de neve. Quanto mais o chi de sua casa estiver equilibrado, mais o seu próprio chi se equilibra, levando você a uma sintonia ainda maior com a energia do ambiente. Você fica cada vez mais consciente de novas possibilidades — das curas que pode realizar para criar estados ainda mais elevados de equilíbrio, para sempre.

Depois de meses de prática, você olhará para trás e ficará maravilhado com as mudanças incríveis que ocorreram em sua casa e na sua vida. Prestar atenção à verdadeira sensação que as coisas transmitem e executar as simples curas deste livro desencadeia um poderoso processo. Ao modificar seu ambiente, você estará facilitando a entrada de coisas que deseja e de que precisa em sua vida.

A Razão Essencial do Feng Shui

A razão essencial para usar o Feng Shui é tornar o chi da casa condutivo ao crescimento, desenvolvimento e sucesso. Ao retificar e sintonizar o fluxo energético da casa com o Feng Shui, você estará acentuando e cultivando a sua própria energia.

Simbolismo da Casa: Você É Sua Casa, Sua Casa É Você

Após o chi, o próximo conceito básico do Feng Shui é o simbolismo. No modo chinês de pensar, cada parte da casa simboliza e se relaciona com uma ou mais áreas da existência. A porta da frente simboliza *começos*, a cama simboliza *descanso* e *relacionamentos*, e assim por diante. Todas as partes da casa relacionam-se a algo em sua vida — essas relações são os alicerces de todos os sistemas de Feng Shui. Esse modo metafórico de olhar o mundo é vital para obtermos uma relação mais íntima com nossa casa e sua energia.

Sua casa é uma expressão básica de sua vida. Cada aspecto dela reflete quem você é e a condição da sua vida interna e externa. Por exemplo, a cama representa casamento ou relacionamentos. Pare um minuto para pensar nas condições que circundam sua cama neste momento. Qual é a sensação? Qual é a aparência? Está tudo uma desordem, caótico ou sujo? Ou arrumado e agradável, refletindo ordem e equilíbrio? A resposta será um provável reflexo de algo que está acontecendo em sua vida afetiva no momento.

É claro que, devido a múltiplos fatores que o afetam, é possível ter uma cama impecável e mesmo assim um casamento caótico. Este exemplo indica apenas um dos muitos fatores Feng Shui que afetam a área da vida afetiva. Outras áreas da casa e do ambiente de trabalho também contribuem para o sucesso de seus relacionamentos.

A Teoria do Posicionamento Relativo

Uma teoria-chave no sistema do Professor Lin Yun é a Teoria do Posicionamento Relativo, que afirma: "Quanto mais próxima de você estiver uma parte do ambiente, maior é o impacto que ela tem sobre seu chi." Assim sendo, os locais mais poderosos onde aplicar as curas Feng Shui são os que estão mais próximos. O local mais poderoso de todos para executar as curas é seu próprio complexo corporal/mental. As áreas ambientais que o afetam em ordem decrescente de importância são:

- Você
- Cama
- Quarto
- Casa
- Pátio
- Vizinhança
- Cidade
- Nação
- Mundo
- Universo

Ao escolher as curas, não se esqueça de que as áreas mais próximas a você, especialmente seu quarto, exercem o maior efeito sobre seu Feng Shui e energia pessoal.

A Boca do Chi

A Boca do Chi é o ponto principal de entrada da energia para dentro de casa. Do mesmo modo que a boca do corpo físico ingere alimento, ar e energia (chi), a Boca do Chi da casa deixa entrar chi, pessoas e oportunidades para dentro da casa e da vida. Cada casa tem uma única Boca do Chi. Este local tão importante é a porta principal. (A porta da frente é a Boca do Chi, mesmo que não seja muito usada.)

A Boca do Chi é o ponto de partida literal e figurado para todas as coisas que ocorrem na vida e na casa. É também o ponto que define os limites entre as áreas de "dentro" e de "fora" do seu ambiente. Se este local estiver bloqueado, todas as áreas da vida podem sofrer; se sua Boca do Chi for brilhante e cheia de energia positiva, sua vida pode ser abençoada e enriquecida.

Ao identificar sua Boca do Chi, é possível orientar corretamente o Ba-Gua sobre a planta baixa da sua casa.

O Ba-Gua ou Octaedro Feng Shui

Um conceito básico do Feng Shui é o octaedro sagrado ou Ba-Gua. Ele indica as áreas físicas onde serão feitas as curas Feng Shui. Aprendendo o Ba-Gua, você fica sabendo quais são as partes da casa que precisam ser adaptadas para que ocorram as mudanças na sua vida.

O Ba-Gua é um sistema poderoso originário do *I Ching*, um dos métodos mais antigos e profundos de ler os padrões de energia. Muitos ramos da teoria energética chinesa usam o Ba-Gua, entre eles a medicina, o yoga, as artes marciais, a filosofia e a espiritualidade. Na prática do Feng Shui, o Ba-Gua é um instrumento para a compreensão dos padrões de energia presentes na residência ou no escritório.

Ba-Gua em chinês significa literalmente "emblema de oito" e refere-se ao modelo octógono exibido na próxima página. O sistema Ba-Gua ajuda a descobrir quais são as partes do ambiente que estão afetando determinadas áreas da sua vida. Ele pode ser usado para localizar nove seções importantes, os Guas, da casa — os oito lados do octaedro, mais o centro. Cada Gua corresponde a uma ou mais áreas importantes da vida.

A escola de Feng Shui do Professor Lin Yun usa o sistema Ba-Gua como principal instrumento de leitura da energia de uma residência, em vez de usar uma bússola de fato e os pontos cardeais da terra (Leste, Oeste, Norte, Sul), como fazem outras escolas. O Ba-Gua é orientado segundo a localização da porta da frente, como descrito nas páginas 39 e 40.

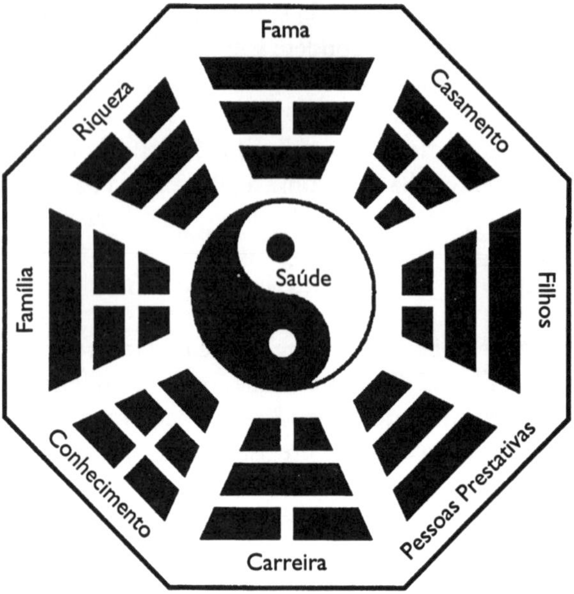

O Ba-Gua

As Nove Seções do Ba-Gua

As nove seções do Ba-Gua (oito lados mais o centro), com suas áreas correspondentes da casa e cores simbólicas, são:

Seção do Ba-Gua	**Área da Casa**	**Cor**
Pessoas Prestativas	Canto direito frontal	Cinza
Carreira	Centro frontal	Preto
Conhecimento	Canto esquerdo frontal	Azul
Família	Lateral esquerda	Verde/Azul
Riqueza	Canto esquerdo posterior	Roxo
Fama	Centro posterior	Vermelho
Casamento	Canto direito posterior	Cor-de-rosa
Filhos	Lateral direita	Branco
Saúde	Centro	Amarelo

Embora possa haver uma tendência a favorecer um Gua em particular (como o da riqueza) e concentrar a maior parte da atenção sobre ele, todos são importantes. Todos eles interagem e são interdependentes. Uma fraqueza em um Gua, como o da carreira, pode exercer efeitos desastrosos nos outros e nas áreas correspondentes da vida, como as da Família, Casamento e Riqueza.

Os benefícios do Feng Shui serão maiores quando todos os Guas da casa e do ambiente de trabalho estiverem fortes e equilibrados. Se há uma seção do Ba-Gua que é mais importante que as outras, é a nona área: o Centro. Ele representa Saúde e Unidade, sustentando e alimentando todos os oito lados do octaedro. Caso precise melhorar muitas áreas de sua vida ao mesmo tempo e se não tiver muita certeza do Gua em que deveria trabalhar, faça uma cura no Centro para beneficiar a vida em geral.

Os Guas e Suas Influências

Ao memorizar as nove seções do Ba-Gua e as áreas correspondentes da vida, é possível você fazer uma rápida "leitura energética" de cada casa ou escritório em que você entrar. As posições dadas relacionam-se à parede frontal da planta baixa da casa. (A parede frontal é a que contém a porta principal.)

- **Gua das Pessoas Prestativas.** Este Gua afeta aqueles que o assistem na vida: benfeitores, amigos e ajudantes. Afeta as viagens também e relaciona-se ao lado masculino da casa: pai, irmão, filho. Localiza-se no *canto direito frontal* do Ba-Gua.

- **Gua da Carreira.** Este Gua afeta seu trabalho, profissão, ambiente de trabalho e contato com o mundo exterior, especialmente no que se refere ao ganha-pão. Localiza-se no *centro frontal* do Ba-Gua.

- **Gua do Conhecimento.** Este Gua afeta o auto-aperfeiçoamento, a sabedoria, o brilho, a clareza mental, a inteligência, o crescimento pessoal e a espiritualidade. Localiza-se no *canto esquerdo frontal* do Ba-Gua.

- **Gua da Família.** Este Gua afeta sua família próxima; relaciona-se também a toda a extensão familiar e aos ancestrais. Localiza-se na *lateral esquerda* do Ba-Gua.

- **Gua da Riqueza.** Este Gua afeta sua situação financeira e aplica-se à abundância e prosperidade em todas as formas. Localiza-se no *canto esquerdo posterior* do Ba-Gua.

- **Gua da Fama.** Este Gua afeta sua reputação e fama; relaciona-se à visão que a comunidade tem de você. Relaciona-se também ao modo como percebe o futuro e à sua visão da vida. Localiza-se no *centro posterior* do Ba-Gua.

- **Gua do Casamento.** Este Gua afeta seu relacionamento principal: marido ou mulher, namorado ou namorada, ou algum outro relacionamento significativo. Se você não tiver um, ele afeta a probabilidade de vir a ter. Relaciona-se também ao lado feminino da casa: mãe, irmã, filha. Localiza-se no *canto direito posterior* do Ba-Gua.

- **Gua dos Filhos.** Este Gua afeta descendentes de todos os tipos: filhos físicos, projetos criativos e criatividade artística. Afeta também a comunicação. Localiza-se na *lateral direita* do Ba-Gua.

- **Gua da Saúde.** Este Gua afeta a saúde física; relaciona-se à unidade e equilíbrio de todas as coisas. Essa importante área conecta e unifica as outras oito áreas. As áreas da vida que não se enquadram a um Gua específico podem ser melhoradas através do ajuste do Gua da Saúde. Localiza-se no *centro* do Ba-Gua.

Múltiplos Níveis do Ba-Gua

Qualquer espaço que tenha uma Boca do Chi (porta de entrada principal) definida pode ser analisado com o Ba-Gua. Ele pode ser aplicado à propriedade e a cada pavimento e aposento da casa. Neste livro, nós nos concentraremos em dois Ba-Guas importantes: o do pavimento principal e o do quarto de dormir. Os Ba-Guas do escritório e da propriedade também recebem atenção.

A Aplicação do Ba-Gua na Casa

A aplicação do Ba-Gua na planta baixa da casa é uma das coisas mais importantes a se fazer no Feng Shui. O Ba-Gua é um método básico, necessário para a compreensão da casa e de seus padrões energéticos. Após aprender o Ba-Gua e orientá-lo na casa, começa-se a perceber onde fazer as curas que irão criar mudanças na vida.

O Ba-Gua é colocado sobre a planta baixa da casa. A orientação baseia-se na posição da porta da frente e não nos pontos cardeais. "Porta da frente" refere-se à principal entrada e nunca a uma porta lateral, dos fundos ou da garagem, mesmo que uma delas seja mais usada do que a da frente.

Procedimento para Colocar o Ba-Gua sobre a Planta Baixa

Para colocar o Ba-Gua sobre o diagrama de sua casa:

1. Obtenha uma cópia da planta baixa, se possível desenhada em escala. Se a casa tiver mais de um pavimento, comece pelo que contém a porta da frente.

2. Localize a parede frontal da sua casa ou apartamento. A parede frontal é a que contém a porta da frente da sua residência.

3. O Ba-Gua deve sempre ser orientado de modo que os Guas das Pessoas Prestativas, da Carreira e do Conhecimento estejam posicionados à direita, centro e esquerda respectivamente, junto à parede da frente da residência. (A porta da frente pode ficar em apenas um destes três Guas: Pessoas Prestativas, Carreira e Conhecimento.)

4. Agora é fácil localizar os outros cinco Guas, além do que se encontra no Centro, em suas respectivas posições.

Ba-Gua localizado numa casa, mostrando as três localizações possíveis da entrada.

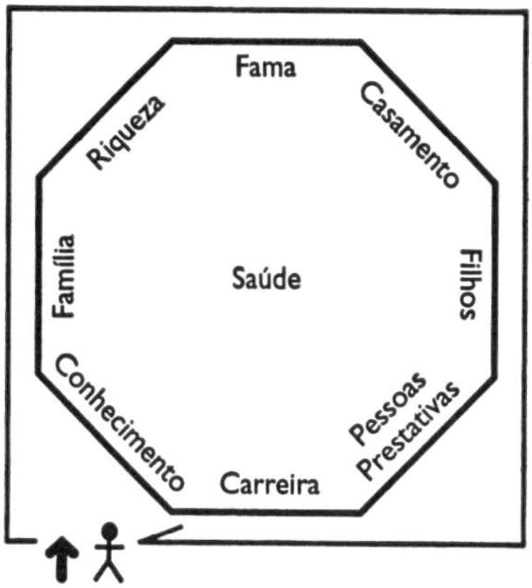

Entrada do Conhecimento

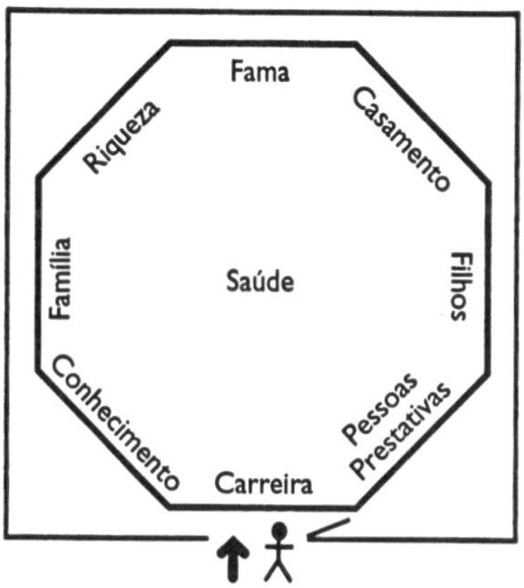

Entrada da Carreira

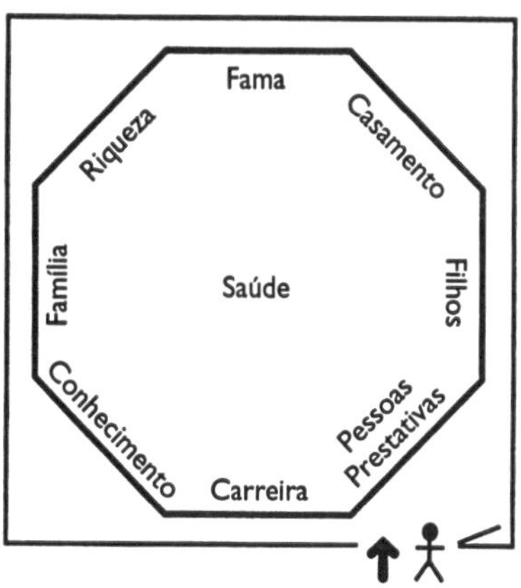

Entrada das Pessoas Prestativas

Aplicação do Ba-Gua no Quarto e no Pátio

O Ba-Gua pode ser aplicado no quarto e no pátio, segundo os passos descritos na página 40.

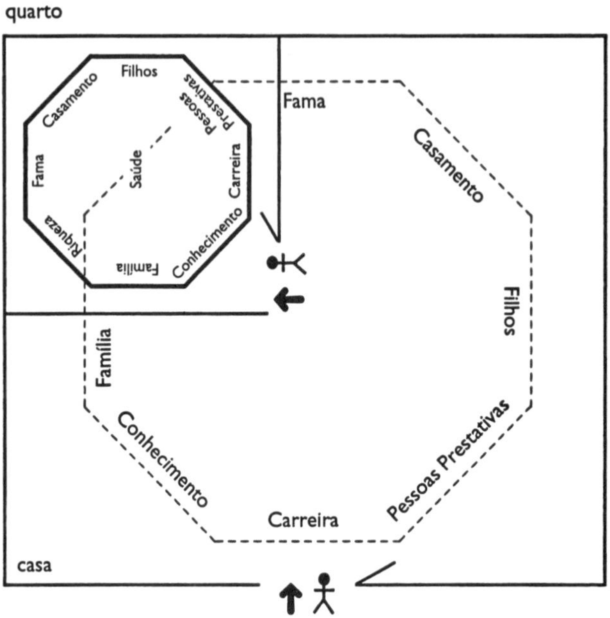

Ba-Gua do quarto: A porta do quarto é a Boca do Chi. Nesta casa, o quarto está no Gua da Riqueza. A entrada do quarto está no Conhecimento; a entrada da casa está na Carreira.

A Importância do Ba-Gua do Quarto

Uma vez que o quarto de dormir está mais "próximo" de você do que todo o resto da planta baixa, é este Ba-Gua que o afeta mais poderosamente. Isso torna o quarto o primeiro local para a realização de curas eficazes de Feng Shui.

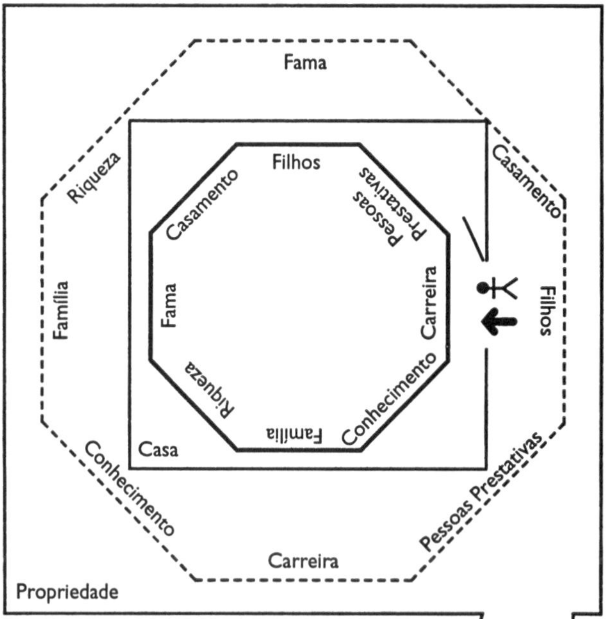

Ba-Gua da propriedade: A Boca do Chi da propriedade é a entrada (ou seja, o início da entrada de automóveis no limite da propriedade *ou* o caminho da rua que leva até a porta da frente, se não houver entrada para carros).

A Leitura do Ba-Gua

Usar o Ba-Gua é muito simples. Basta observar as características energéticas de cada Gua na planta baixa da casa e relacioná-las à sua experiência de vida.

- Se uma área do octaedro da casa tiver um problema energético óbvio, ajustá-la irá criar um benefício direto e às vezes imediato naquela área da existência.
- Se um dos Guas da casa não apresentar defeitos marcantes, mas ainda houver dificuldades nas áreas existenciais correspondentes, as coisas podem melhorar com curas Feng Shui naquela área, a partir dos capítulos apropriados deste livro.

Curas Feng Shui

Uma vez tendo entendido o Ba-Gua e aplicado na planta baixa da casa, você está pronto para aprender sobre as curas Feng Shui. Trata-se do Feng Shui em ação.

O termo *cura* refere-se a qualquer ajuste que se faça na casa usando os princípios Feng Shui. Qualquer mudança feita no espaço para corrigir ou melhorar o chi, tendo em mente uma intenção positiva, é uma cura Feng Shui. As curas são os métodos específicos utilizados para equilibrar o fluxo de energia dos arredores, criando níveis mais elevados de energia renovadora e bem-estar. Podem ser tão simples (e poderosas) quanto uma limpeza na casa ou a colocação de flores frescas na mesa de jantar, ou tão maiores quanto mudar para uma casa nova em folha com a intenção de atrair grandes mudanças na vida.

O Uso de Pequenos Acréscimos para Criar Grandes Mudanças na Vida

Buscando implementar curas de modo fácil e eficaz, usaremos principalmente o Método dos Pequenos Acréscimos que criam grandes mudanças na vida. O Professor Lin Yun criou o Método dos Pequenos Acréscimos como meio de "usar cem gramas para movimentar uma tonelada" em termos energéticos. Usar esse método de acrescentar os artigos apropriados de Feng Shui na casa e no escritório criará poderosas mudanças de energia no ambiente, resultando nas mudanças almejadas de vida.

Ao usar as curas de Pequenos Acréscimos, basta colocar o item certo no lugar apropriado, com a intenção correta para se conseguirem maravilhas tanto na vida quanto no aperfeiçoamento estético. Essas curas podem geralmente ser realizadas de modo barato e sem modificações estruturais na sua casa. Utilize os Pequenos Acréscimos, aplicando os itens relacionados nas páginas seguintes.

Pequenos Acréscimos	**Curas Específicas**
Energia de luz	Luzes, espelhos, bolas de cristal
Energia de som	Sinos, mensageiros dos ventos
Energia viva, vitalidade	Plantas, flores, aquários
Energia hidráulica	Fontes, quedas-d'água, córregos
Objetos móveis	Móbiles, cata-ventos, birutas
Objetos pesados	Pedras, estátuas, mobília pesada
Objetos energéticos	Aparelhos elétricos, bombinhas
Cor	Todas as cores
Outros objetos	Flautas de bambu, cortinas de contas, outros
Fragrância	Incenso, aromaterapia, óleos essenciais
Tato	Vários
Outros	Vários

Pequenos Acréscimos e Suas Influências

Energia de luz. As curas deste grupo trazem influências brilhantes e de luz refratada para a casa. As luzes, é claro, acrescentam iluminação e brilho ao ambiente, um modo fácil de aumentar o chi de uma área. Os espelhos são dos mais versáteis instrumentos de Feng Shui, proporcionando uma grande variedade de mudanças. Dependendo da intenção com que são usados, eles podem atrair, repelir, aumentar, elevar, expandir, proteger ou abençoar qualquer área. Bolas de cristal refratam, difundem, refletem, expandem e aumentam a luz visível e a espiritual, levando à bênção e expansão.

Energia de som. Este grupo usa sinos, mensageiros dos ventos, gongos e outros geradores de som para criar energia desperta, animada, estimuladora e protetora. As curas sonoras podem também ajudar o surgimento de uma mensagem ou resposta.

Energia viva. Curas de energia viva usam energia vital, nutritiva, para realçar, curar, nutrir e elevar o chi de uma área. Curas específicas incluem plantas, flores e aquários.

Energia hidráulica. A força dinâmica da água acrescenta fluidez, abundância e prosperidade à casa ou escritório através do uso de fontes, quedas-d'água, córregos e outras representações aquáticas.

Objetos móveis. Objetos móveis criam energia ativa e alegre, assim como fluente, suave e calmante. Os objetos móveis de cura incluem móbiles, cata-ventos, birutas, bandeiras e piões. Esses objetos "movimentam-se sozinhos", simbolizando harmonia com a ordem natural das coisas. Essas curas podem também trazer a energia alto astral de brilho e cor para sua casa.

Objetos pesados. Objetos pesados acrescentam influências sólidas, básicas e estabilizadoras a uma situação. Esta categoria é útil para acalmar áreas que estejam caóticas ou "superenergizadas". Objetos pesados que podem ser acrescentados à sua casa incluem pedras, estátuas e mobília pesada.

Objetos energéticos. Estes objetos são dotados de energia de fontes específicas, que incluem a energia elétrica. As curas desta categoria incluem aparelhos elétricos — estéreos, computadores, aparelhos de TV e ar-condicionado, máquinas de lavar, além de bombinhas. Eles tipicamente criam um chi ativo, regenerador. A energia dos computadores e aparelhos de TV pode simbolizar equilíbrio.

Cor. Qualquer tipo de cor pode ser usado para gerar curas Feng Shui. A cor é um dos modos mais completos e úteis para criar uma vida melhor. Praticamente todas as coisas têm cor, e no Feng Shui cada uma tem um significado e pode ser usada para diversos propósitos.

Outros objetos. Esta categoria inclui muitos objetos diferentes usados com propósitos específicos, como flautas de bambu e cortinas divisórias de contas.

Fragrância. O aroma correto pode enaltecer o espírito, invocar a cura física e estabelecer o clima desejado no ambiente. Os métodos incluem incenso, aromaterapia e óleos essenciais. Muitas pesquisas foram feitas e há inúmeros produtos surgindo por todo o mundo nesta rica área de promoção de mudanças poderosas na vida — a fragrância é um modo de se conectar diretamente com o espírito interior.

Tato. O grupo dos Pequenos Acréscimos usa o sentido cinestésico. Os resultados energéticos incluem influências estimulantes, de alerta e promotoras de saúde. Um exemplo é um pano de seda enrolado no corrimão de uma escada; tocá-lo cada vez que se sobe ou desce pode indiretamente estimular a criatividade e o sistema imunológico.

Outros. As categorias acima não contêm todas as curas possíveis de Feng Shui. Referimo-nos aos métodos adicionais conhecidos e desconhecidos como "Outros".

Cinco Passos para Curas Simples e Fáceis

Aqui está o modo como começar a realização de curas Feng Shui imediatas em sua casa e em sua vida:

1. Defina a área da sua vida que deseja melhorar.

2. Encontre o capítulo correspondente a esta área. Escolha a sugestão que melhor se aplica às suas necessidades, orçamento e intuição. Localize a parte da sua casa ou do seu escritório onde a cura deve se proceder.

3. Realize a cura na sua casa.

4. É isso aí! Aproveite as mudanças em sua vida.

5. Realize mais curas para obter ainda mais resultados.

Chaves para Executar Curas Eficazes

A eficácia das curas Feng Shui pode aumentar muito, se um estado mental poderoso for invocado na hora de sua execução. Elas podem e irão afetar sua mente, corpo e emoções de modo incrível, além do ambiente e energia de sua residência. As curas Feng Shui não são apenas atos mecânicos que "talvez" funcionem, mas sim mudanças holísticas criadas por uma mistura dinâmica de ação externa e energia interna, uma combinação de intenção, emoção e ação. Suas ações e intenções ficam simultaneamente dirigidas para o mesmo objetivo: a mudança que deseja criar em sua vida!

A verdadeira chave para o sucesso com suas curas Feng Shui encontra-se na concentração da energia, atenção e emoção. Seu estado interno é parte importante da cura e ajuda a imprimir as mudanças energéticas mais profundamente em sua psique e energia. Se você estiver distraído ou pensando sobre outras coisas ao realizar as curas, elas terão menos poder do que é possível. Se, ao contrário, você estiver totalmente envolvido, estimulado, num estado positivo de espírito e estiver sinceramente concentrado na tarefa, as curas serão muito mais eficazes. Executando-as deste modo, você estará usando com sucesso os dois níveis do Feng Shui, o visível e o invisível.

Os Dois Níveis Vitais do Processo de Cura

O Professor Lin Yun enfatiza dois níveis ou partes das curas Feng Shui, que são o visível e o invisível. Cada nível proporciona uma parte importante da cura.

1. **O Nível Visível.** O nível visível ou externo da cura aplica-se ao ambiente físico. É a arena externa onde ocorrem os ajustes. O nível físico cria apenas parte da eficácia da cura. A ação física cria o nível visível da cura. O nível visível é onde você executa a mudança de fato para melhorar o ambiente, como colocar um mensageiro dos ventos, pendurar um espelho ou trocar a cama de lugar.

2. **O Nível Invisível.** Este é o nível interno da cura, a arena de suas esperanças, sonhos e desejos. O nível invisível é o verdadeiro poder por trás do lado visível da realidade. Paradoxalmente, é o nível invisível da cura que pode gerar uma grande porção de sua eficácia. O nível invisível está no seu forte desejo de realizar o que quer (intenção) e na visualização da situação tornando-se realidade.

Visualize Suas Curas

Entre as escolas de Feng Shui, a do Professor Lin Yun destaca-se pela forte ênfase que dá aos aspectos invisíveis da cura e ao poder de utilizar a visualização.

Níveis Visível + Invisível = Poder Máximo

O uso simultâneo destes dois níveis resulta em curas que podem chegar a cem por cento de eficácia e até produzir resultados maiores do que os esperados. Portanto, é essencial que cada cura inclua uma ação (a colocação de uma planta), uma intenção (melhor estado de saúde) e uma visualização da intenção (retratar-se mentalmente em ótimo estado de saúde). Se você sair pela casa depositando montes de espelhos, sinos e plantas, e não executar a parte da visualização das curas, não se surpreenda se os resultados forem medíocres.

Extraindo o Poder

Intenção e visualização trabalham juntas para criar o nível invisível da cura. Sua utilização proporciona o poder de criar as mudanças que você deseja para sua vida. Intenção é "o que você quer", e visualização é "ver aquilo se realizando".

Intenção

Uma intenção poderosa contém três elementos:

1. Saber claramente o que se quer.

2. O forte desejo de conseguir aquilo.

3. Acreditar que é seu!

Ao praticar o Feng Shui, trabalhe com afinco para fortalecer e elucidar as intenções que você tem. A cada cura, tenha uma intenção ainda mais clara e poderosa do que na última. Quanto mais focadas e claras forem suas intenções, mais poderosas se tornarão as curas.

Visualização

A visualização mental é um elemento fundamental para o sucesso das curas. A visualização projeta sua intenção no mundo e eleva muito o poder da cura. Visualizar é perceber claramente o que se quer e ver no quadro mental sua ocorrência na vida.

Visualizando claramente o que deseja, você ajusta seu próprio chi e se impulsiona poderosamente em direção a novas ações, acontecimentos e resultados na vida. Ao visualizar, veja os detalhes que deseja cercando os acontecimentos realizados. Veja e sinta também a excitação e emoção positiva que irá experimentar quando tiver alcançado seu desejo!

Quanto mais esclarecido estiver sobre o que almeja da cura (sua intenção) e quanto mais claramente a retratar mentalmente (visualização), mais provável será que a receba. Tudo isto parece simples demais, mas é um passo importante para o sucesso do seu Feng Shui! Executar uma cura com uma intenção ambígua — "Quero mais dinheiro"— não é tão poderoso quanto fazer a mesma cura com uma intenção bem específica e clara: "Vou receber na mão direita tal quantia em forma de cheque nominal, no dia 15 do mês que vem", e visualizar claramente os detalhes que cercam o acontecimento.

Três Segredos para Curas Bem-sucedidas

Sendo poderosa e vital para o sucesso do Feng Shui, a visualização é apenas um dos Três Segredos importantes que o Professor Lin Yun ensina para assegurar e fortalecer as curas. Aprenda e utilize todos os Três Segredos, para maior benefício (veja capítulo 12).

Os próximos capítulos trazem sugestões de visualizações junto a cada cura para que você se inicie no processo. Estas sugestões servem apenas para dar o chute inicial. Caso tenha uma mais poderosa e adequada à sua cura, use-a.

Dicas Importantes para Usar nas Curas Feng Shui

1. Envolva-se completamente. Quanto mais envolvido estiver, mais poderosas e reais suas curas serão.

2. Eficácia máxima é alcançada quando se presta cuidadosa atenção a cada parte da realização das curas.

3. Desejo é fator chave. Quanto maior for, maior a probabilidade de que se torne realidade.

4. Sinceridade — a crença de que sua cura será eficaz — faz maravilhas.

5. Emoção positiva é a fonte de energia para mudanças pessoais de vida.

6. Visualização é a chave para o poder do Feng Shui. Visualize seus objetivos e desejos realmente ocorrendo com cada cura que executa. Isto aumenta muito a probabilidade de que seus desejos tornem-se realidade.

Seja qual for sua capacidade e habilidade com o Feng Shui neste problema, tudo bem. Se não estiver bem pronto para acreditar totalmente no Feng Shui ou em que suas curas irão realmente funcionar, ele ainda tem muito a oferecer. Mergulhe simplesmente, dê o melhor de si e observe os resultados melhorando com o tempo.

Se as visualizações que fizer não chegarem à perfeição, tudo bem. Não fique pressionado em relação ao desempenho interno do Feng Shui. Você acaba chegando lá. Satisfaça-se com o que está fazendo agora e use isto como um primeiro degrau para mais sucesso no futuro. Sua habilidade só tende a crescer, à medida que continuar, e o mesmo ocorre com as curas.

Esperar e Obter Resultados

Todo mundo obtém resultados diferentes com as curas Feng Shui. Para alguns são imediatos, enquanto outros observam suas vidas melhorando gradativamente, com o tempo. Há ainda aqueles que não vêem resultados por algum tempo e de repente suas vidas se transformam e eles começam a perceber muitas melhoras em um curto período de tempo.

Muitas vezes, os benefícios Feng Shui chegam de fontes inesperadas, mas positivas. É difícil prever exatamente como e onde as mudanças irão ocorrer em uma vida específica. A melhor atitude para alcançar resultados é manter uma expectativa aberta, positiva, e não ficar apegado demais ao modo exato como ocorrerão. É importante também permitir que se processem mudanças internas de aspecto psicológico e emocional, assim como na personalidade. Para alguns, essas mudanças internas são uma importante réplica dos resultados obtidos na vida "externa".

Maximizar as Curas

Dicas sobre as melhores maneiras de usar algumas das curas podem ser encontradas nas páginas relacionadas abaixo. Consulte essas anotações para tirar o máximo de suas curas.

Fontes	página 56
Espelhos	página 65
Bolas de cristal	página 67
Fitas vermelhas	página 68
Iluminação	página 87
Flautas de bambu	página 88
Plantas	página 95
Mensageiros dos ventos	página 61

2
Riqueza

A ÁREA DE RIQUEZA é muito importante para quase todo mundo e uma das principais para curas Feng Shui. A verdadeira riqueza está na experiência energética da abundância. A riqueza possibilita e fortalece muitas outras áreas da vida. Permite que ajudemos outros, ao mesmo tempo que aproveitamos merecidamente o melhor que a vida tem a oferecer. O Gua da Riqueza do Ba-Gua relaciona-se especificamente ao dinheiro, mas refere-se também à prosperidade e abundância em todas as áreas da vida.

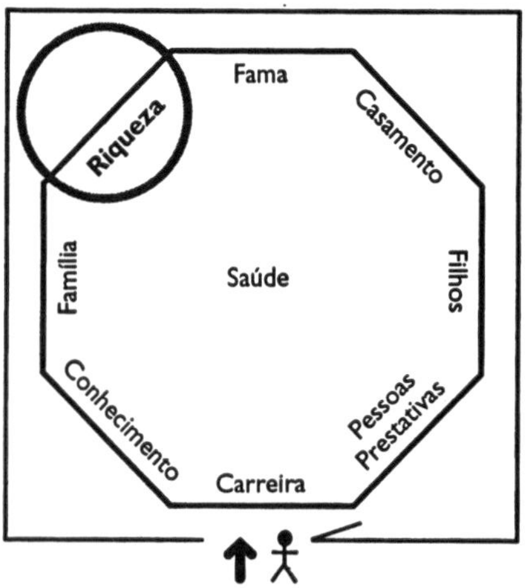

O Gua da Riqueza

Método I: Acrescente Água Corrente à Sua Vida

A água é um símbolo universal de riqueza e prosperidade. A imagem de uma grande pescaria marítima ou uma residência perto de um rio produtivo sempre significou a bênção da riqueza natural. O significado da água está fortemente ligado à cultura e arte do Feng Shui.

Segundo a teoria do Professor Lin Yun, a influência da água pode ser dividida em dois estados de energia: água em movimento (corrente, ativa e circulante) e água parada (receptáculos de água). Ambas estão ligadas à riqueza, mas de modos diferentes.

Água em Movimento. Em seu estado móvel ou ativo, a água representa o fluxo do dinheiro, assim como o contato com muita gente que pode ajudar você. Portanto, ter água corrente em seu espaço favorece um grande fluxo de dinheiro circulando e uma rede saudável de contatos e associados.

Água Parada. As representações de água parada, como poços, lagos ou piscinas em sua propriedade, simbolizam riqueza guardada, acumulada. Se estes corpos de água forem claros, simbolizam um estado mental lúcido e calmo e um retrato financeiro limpo; se forem turvos ou turbulentos, criam agitação mental e finanças menos saudáveis.

Água em movimento é o gerador de prosperidade mais poderoso, pois dessa forma ela encerra a energia dinâmica que cria mais riqueza. Realizar uma cura de água parada em seu ambiente, entretanto, como a colocação de uma piscina no pátio, também pode ser uma poderosa cura.

❁ *Atraia riqueza com um chafariz em frente da casa.*

A colocação de um chafariz em frente da casa é um meio excelente de atrair fluxo de dinheiro para dentro da residência. Ele pode ficar em qualquer lugar do jardim ou mais próximo da porta de entrada. Visto que água em movimento perto da entrada principal da casa é positivo para a riqueza, este é um local especialmente favorável para posicionar o chafariz, contanto que ele não bloqueie o caminho que leva à casa. Ao realizar esta cura, visualize a riqueza fluindo para sua vida.

❁ *Gere dinheiro com uma fonte na área da riqueza.*

É possível determinar os Guas da Riqueza de seu ambiente, localizados no canto esquerdo posterior de seu escritório, residência e quarto, aplicando o Ba-Gua (veja capítulo 1) à planta baixa da casa. Uma vez que o chi que circula nos Guas da Riqueza é um dos principais

Notas sobre Fontes

Ao colocar uma fonte em frente à casa, é importante que o fluxo de água, se não for dirigido para cima como no caso de um chafariz, corra em direção à porta de entrada, e não na contrária à casa. Esta última poderia provocar a evasão da riqueza. Não é preciso manter a fonte correndo todo o tempo para garantir a eficácia da cura Feng Shui. Porém, mantenha-a em bom estado de funcionamento, para que nunca signifique interrupção do fluxo de dinheiro em sua direção. Caso possua uma fonte fora de funcionamento, consertá-la de imediato deveria ser uma prioridade para a sua situação monetária.

contribuintes para a situação de sua fortuna pessoal, colocar água em movimento em um ou mais dos Guas da Riqueza é uma cura fácil e poderosa. Ao realizá-la, fortaleça o processo, visualizando que a riqueza flui com grande abundância em sua direção.

Embora o tamanho grande seja sempre melhor, fontes de qualquer tamanho têm eficácia, segundo as exigências espaciais e estéticas do ambiente. Chafarizes e fontes podem ser adquiridos em chácaras de plantas especializadas em paisagismo e outros locais. É também possível criar uma fonte de modo fácil e barato, usando um recipiente de cerâmica, umas pedras lisas e uma bomba pequena de aquário.

Estimule o chi da riqueza, acrescentando um aquário ao ambiente.

Os aquários representam outro tipo de cura que se aplica tanto na residência quanto no escritório. Você já deve ter percebido os belos e grandes aquários localizados em muitos restaurantes e bancos chineses. Eles não estão lá por acidente: esses poderosos geradores de riqueza são ali colocados para criar um forte chi de riqueza para os proprietários do negócio. Os aquários acrescentam energia de riqueza e a dimensão de fertilidade oferecida pelos peixes vivos ao poder da água em movimento, resultando numa cura de riqueza simbólica e eficaz. Os melhores locais para colocar um aquário são perto da entrada ou no vestíbulo, no Gua da Carreira e no Gua da Riqueza da casa. Como sempre, lembre-se de visualizar prosperidade e abundância em sua vida para tornar esta cura mais eficaz.

Aumente o poder dos aquários com números e cores auspiciosos.

Os ensinamentos do Professor Lin Yun incluem outros modos de aumentar o poder criador de riqueza dos aquários com o uso da simbologia de números e cores. Um número poderoso para os peixes é 9 ou um múltiplo de 9 (18, 27, etc.). O 9 é um número muito poderoso, representando auge e conclusão. O aspecto da cor dos peixes pode ser realçado usando oito peixes vermelhos (não alaranjados) e um preto para cada conjunto de nove. Vermelho e preto são cores poderosas do Feng Shui; o vermelho significa poder, cura e riqueza, e o preto representa dinheiro, autoridade e sabedoria. Ao realizar esta cura, visualize que a energia do aquário está aumentando sua riqueza. Ao visualizar maior riqueza, veja em detalhe as maneiras como utilizará e aproveitará os fundos que vierem a você.

Substitua qualquer peixe que morrer, assim que possível, sempre mantendo o número em um múltiplo de nove. O saber do Feng Shui diz que, se um dos peixes morre, ele absorveu um chi negativo ou o azar que se dirigia ao dono do aquário – uma boa razão para substituí-lo imediatamente.

Alimente o aquário com moedas de ouro.

Espalhe nove moedas de ouro no cascalho do fundo do aquário, visualizando que sua riqueza está continuamente aumentando e é como o próprio oceano. Use moedas verdadeiras ou falsas para esta cura; o melhor número é um múltiplo de nove. Vinte e sete é especialmente poderoso, pois contém três conjuntos de nove. Ao colocar essas moedas, visualize seu "ouro" e riqueza pessoal crescendo diariamente.

❁ *Aumente a abundância com um quadro de "pescadores trazendo redes cheias".*

O oceano é uma representação universal de prosperidade. Desde os tempos antigos, uma generosa colheita marítima significava que a sociedade teria muita abundância nos meses seguintes. Uma ótima maneira de se recorrer a esta energia simbólica é colocando uma foto ou pintura de pescadores puxando um grande arrastão do mar perto da entrada ou em qualquer Gua da Riqueza da casa. Talvez você leve algum tempo para encontrar a imagem adequada, mas vale o tempo e energia gastos para aproveitar a crescente prosperidade que se segue. Para obter um maior efeito desta cura, visualize-se desfrutando uma vida abundante.

❁ *Aumente o fluxo de dinheiro com um quadro de queda-d'água.*

Coloque uma foto ou cartaz de uma queda-d'água vigorosa perto da entrada da casa. Ao fazê-lo, visualize dinheiro abundante derramando contínua e facilmente em sua vida, como um fluxo de água interminável.

❁ *Interrompa a saída de dinheiro, interrompendo o vazamento de água.*

Problemas com água podem levar à perda de dinheiro. Qualquer vazamento, goteira ou infiltração de água em seu ambiente representam derramamentos na sua residência ou no aspecto financeiro dos negócios. A cura é simples: conserte todos os vazamentos imediatamente, visualizando que os gastos agora estão sob controle e não estão vazando de modos conhecidos ou desconhecidos.

Esta cura inclui qualquer tipo de vazamento doméstico: torneiras, pias, canos, aparelhos elétricos, teto, porão e artefatos exteriores. Geralmente, quanto mais próximo de você estiver o vazamento, maior será o impacto. (Veja A Teoria do Posicionamento Relativo, páginas 33-4.)

Negócios e Vazamento de Água

Esta cura deve ser levada em consideração, caso seu negócio esteja sofrendo um misterioso "vazamento de fundos". Procure todos os vazamentos e aplique as medidas cabíveis para que sejam consertados. Um vazamento perto da entrada, em um Gua da Riqueza, ou no centro de um escritório ou casa, pode ser especialmente prejudicial para sua riqueza.

Estimule o movimento da riqueza com um móbile de peixes.

Os móbiles trazem energia circulante, fluida, para sua casa. Para combinar a energia do móbile com o "poder dos peixes", acrescente um móbile de peixes à sua residência, seja perto da entrada (dentro ou fora) ou no Gua da Riqueza da casa. Pendure o móbile com uma fita vermelha. Ao fazer isto, visualize maior prosperidade na sua vida.

Método II: Acentue o Gua da Riqueza

O Gua da Riqueza do Ba-Gua relaciona-se ao dinheiro, mas refere-se também à prosperidade e abundância em todas as áreas da vida.

❁ *Desperte sua riqueza com um mensageiro dos ventos.*

Coloque um mensageiro dos ventos de som agradável (preferivelmente de bronze) no canto da Riqueza da casa. O chi pode ser "despertado" ou reanimado utilizando-se esta cura. Esses instrumentos sonoros são conhecidos por suas qualidades ativantes, regeneradoras e protetoras. Os mensageiros dos ventos também podem simbolicamente enviar uma mensagem, uma solicitação de novos fundos, por exemplo. São mais eficazes, se pendurados com um cordão ou fita vermelhos.

Ao pendurá-lo, visualize que as "forças da riqueza", tanto conhecidas como desconhecidas, estão despertando e trabalhando a seu favor. Esta cura pode ser ainda mais ativada se você tocar o sino da riqueza em intervalos regulares ou sempre que lembrar.

❁ *Aumente a riqueza com um espelho no quarto.*

O quarto de dormir é outro ambiente poderoso para aumentar sua energia da riqueza. Coloque um espelho no

Mensageiros dos Ventos

Os melhores tipos de mensageiro para Feng Shui são os de boa qualidade, feitos de metal e que têm um som claro e agradável. O poder ativante de seu som torna este um instrumento de cura muito eficaz. Mensageiros de madeira, pedra, vidro ou cerâmica não são tão bons. Evite usar mensageiros quebrados ou dilapidados. Obtém-se um máximo de eficácia, pendurando os mensageiros com uma fita ou cordão vermelhos. Funcionando como curas, mesmo que o vento não os alcance, os mensageiros cumprem seu papel, colocados dentro ou fora da casa ou do escritório.

Gua da Riqueza do quarto (a partir da entrada, a riqueza fica no canto esquerdo posterior). Visualize o dinheiro sendo atraído para você, como se fosse um magneto, através do poder do espelho. Visualize sua vida ficando ainda melhor com sua riqueza recém-aumentada.

❁ Aumente seu dinheiro – guarde-o em um Gua da Riqueza.

Um grande modo simbólico de alinhar-se com maior prosperidade é guardar sua caderneta de poupança (de uma conta ativa) no Gua da Riqueza da casa ou quarto, dentro de um envelope vermelho. Esta cura será ativada através da visualização de que o tamanho da caderneta e a quantidade de dinheiro ali depositada aumentam continuamente.

Uma variação disso é guardar peças de ouro (nove é uma boa quantidade) escondidas no Gua da Riqueza de sua escolha. Ao executar esta cura, visualize sua pilha de ouro crescendo. Outro modo de realizar esta cura é usando nove notas novas de moeda corrente ou mesmo 27 moedas brilhantes de um centavo como "dinheiro semente" guardadas em seu canto da Riqueza.

❁ Estabilize sua condição financeira, usando pedras.

Se a sua situação financeira estiver caótica ou instável, profundidade e paz podem ser criadas com a colocação de um objeto pesado no canto da riqueza da casa ou do pátio. Itens pesados, como pedras grandes ou estátuas, acrescentados ao Gua da Riqueza, irão trazer forças estabilizadoras e firmes para sua situação financeira. Um grande vaso de planta também cria um efeito de firmeza e equilíbrio neste local. Ao colocar esta cura, é útil visualizar-se experimentando grande tranqüilidade financeira. Veja tudo em ordem, a abundância de renda e todas as suas contas sendo pagas pontualmente.

Não deixe de usar seu senso de equilíbrio ao escolher os artigos para esta cura. Se sua vida monetária estiver em convulsão, é provável que não adiante muito colocar um pequeno seixo no canto do dinheiro. Por outro lado, cuidado para não depositar num canto interior de riqueza um objeto que seja tão grande a ponto de bloquear ou estagnar aquela energia.

Nota: Ao usar pedras e rochas como curas de riqueza, recomendam-se as de bordas lisas em vez das que tenham bordas agudas, recortadas, que simbolicamente podem "cortar" seu dinheiro.

Curas Misturadas e Combinadas para Maximizar Sua Riqueza

As curas do canto da riqueza aqui descritas podem ser combinadas para um maior efeito. Sinta-se à vontade para realizar curas múltiplas usando essas idéias, visualizando o que deseja com cada cura que faz.

Método III: Proteja e Fortaleça o Fogão e o Cozinheiro

O Feng Shui ensina que saúde e riqueza estão intimamente ligadas. De fato, diz-se que a saúde é o fundamento e o trampolim para a riqueza. O fogão é de grande importância para o cenário de sua riqueza pessoal e um gerador específico da riqueza da casa. Sua condição, localização e ambientação geral são fatores primordiais que contribuem para a saúde do ambiente doméstico. (*Nota*: As curas e princípios Feng Shui para o fogão aplicam-se à sua vida, mesmo que você costume fazer a maior parte das refeições fora de casa.)

❁ Proteja e fortaleça o cozinheiro com um espelho atrás do fogão.

Uma importante orientação para a criação de riqueza é a certeza de que o cozinheiro está "protegido" enquanto trabalha diante do fogão. É importante para sua riqueza que ele não tome sustos, mesmo que de forma sutil, enquanto cozinha. Se isto acontecer, mesmo que inconscientemente, o chi do alimento será prejudicado, levando a problemas de saúde e riqueza, acidentes inesperados e possíveis doenças dos moradores.

A maioria dos fogões, exceto os que ficam no meio da cozinha, são colocados de tal modo que os cozinheiros ficam de costas para a porta de entrada, sem que possam ver quem se aproxima.

Uma cura básica e poderosa para o fogão é colocar um espelho na parede atrás dele, criando uma sensação de segurança e proteção. Esta sensação se traduz em mais riqueza para você em todos os níveis.

Para obter o máximo de resultados com esta cura, visualize riqueza e prosperidade crescentes.

O conceito do "espelho atrás do fogão" também pode ser usado para realizar uma segunda cura. Esta é feita para que o espelho atrás do fogão fique baixo o suficiente e reflita os queimadores. Ao fazê-los refletir, você simbolicamente estará duplicando seu número, o que gera mais riqueza. Este efeito reflexivo é um dínamo para a energia monetária doméstica. Ao colocar este espelho, visualize o aumento de sua riqueza.

Se quiser executar a cura do "espelho duplicador de queimadores", mas a constituição do fogão não permitir que o espelho da parede reflita os queimadores, é possível cortar uma tira de espelho na medida certa para que se encaixe atrás dos queimadores. (Veja ilustração na página oposta.)

Espelho atrás do fogão, com possível tira opcional atrás dos queimadores.

Notas sobre Espelhos

É importante que todos os espelhos usados para o Feng Shui (e idealmente todos os espelhos da casa) sejam de puro cristal claro, limpo, sem distorções. Os espelhos representam a mente e influenciam nossa auto-imagem, refletindo quem e o que somos. Imperfeições nos espelhos podem causar problemas nestas áreas tão importantes. Quanto maior for o espelho, melhor. Boas formas são octogonal, redonda, quadrada e retangular. Os espelhos também não podem estar lascados, rachados, enfumaçados, esmaltados ou desenhados. Recomenda-se que os arranjos de espelhos com peças múltiplas sejam evitados, embora uma pequena borda em bisel seja geralmente aceitável. Ao pendurar os espelhos, preste atenção à altura, para que eles não "cortem a cabeça" de nenhum ocupante (adulto) da casa.

Eleve seu poder financeiro, usando todos os queimadores do fogão.

Se o fogão é o aparelho doméstico criador de riqueza, os queimadores são seus específicos geradores de dinheiro. Se você usar alguns dos queimadores mais do que outros, estes ficam "adormecidos", o que pode amortecer sua produção monetária. Comece a usar todos os queimadores igualmente, para assegurar que seu fogão está lhe fornecendo o máximo poder de ganhos. Visualize que este poder é seu e que um aumento de riqueza está a caminho.

Aumente seu poder monetário, regulando o fogão.

Um queimador entupido, fora de funcionamento, é um impedimento ainda maior para sua renda. É muito importante que todas as partes do fogão estejam em boas condições de funcionamento, inclusive queimadores, luzes, puxadores e botões. A cura monetária a ser feita aqui é consertar o fogão o mais rápido possível e visualizar a riqueza desimpedida sendo gerada dali em diante.

Proteja o cozinheiro com um mensageiro dos ventos ou cristal.

Outra proteção poderosa para o cozinheiro é pendurar um mensageiro dos ventos no teto, diretamente sobre o local onde o cozinheiro fica diante do fogão. Esta cura ajuda a manter distantes as energias indesejadas e também provoca um bom fluxo de energia monetária em sua direção.

Uma técnica alternativa é pendurar uma bola de cristal em vez do mensageiro sobre o cozinheiro (veja quadro na página seguinte). Ao fazê-lo, visualize luminosidade e proteção adicionais ao seu quadro da riqueza.

Tipos de Cristais

Os tipos de cristais para Feng Shui são especificamente redondos (esféricos), facetados, prismáticos, bolas de cristal com liga de chumbo (não simples bolas de vidro ou de cristais minerais). O fator esférico é importante porque ele consegue conduzir a energia proveniente de qualquer direção. As facetas permitem que as bolas refratem a luz e emitam raios, contribuindo para a natureza expansiva da luz. Os cristais vêm em diâmetros que medem de 10 a 70 milímetros. Os maiores são mais eficazes do que os pequenos. Recomendam-se os que medem 40 milímetros, para as curas deste livro.

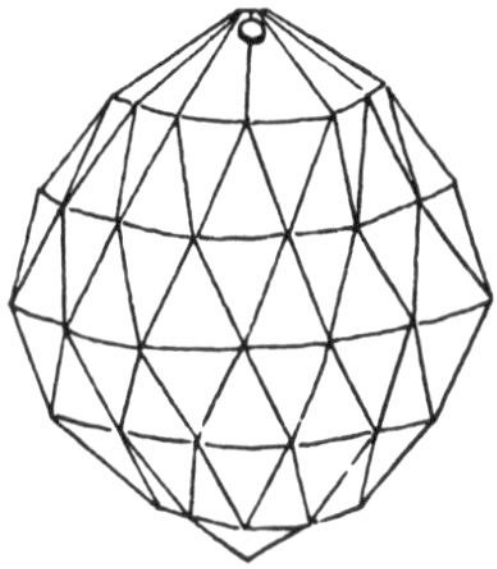

Cristal facetado, com liga de chumbo

Aumente a energia do dinheiro, mantendo o fogão limpo.

A limpeza do fogão tem ligação direta com sua situação financeira. Mantê-lo limpo assegura a energia da riqueza circulando pela sua vida. A comida e o processo de cozinhar são elementos intimamente ligados à saúde e à riqueza. Um fogão sujo deixa o fluxo da riqueza estagnado e dificulta a produção e manutenção do dinheiro. Neste estado, ele pode contribuir para embaraços e inúmeros problemas monetários.

Retire o fogão de sua posição e lave-o inteiramente, de cima a baixo, inclusive atrás e embaixo de onde ele fica. Será surpreendente o que pode ser encontrado; sua riqueza irá melhorar, e toda a casa terá uma sensação de maior limpeza e mais conforto. Fazer uma limpeza geral no fogão regularmente é uma poderosa prática Feng Shui. Ao limpá-lo, não deixe de visualizar que agora está limpando todos os problemas financeiros e abrindo a energia para que mais riquezas venham em sua direção.

Elimine confusão e azar, ajustando os caminhos que passam pelo fogão.

Se o fogão fica numa cozinha que serve de passagem entre duas portas, e este caminho ficar em frente ao fogão, a má sorte pode estar à espreita. Uma situação de passagem tira o chi saudável do fogão e afeta negativamente muitas áreas da vida, inclusive as da riqueza, saúde, casamento e harmonia familiar. É mais favorável ter o fogão num local mais protegido, mas não confinado.

As curas para um "fogão na passagem" incluem a colocação de um cristal, mensageiro dos ventos ou sino comum em frente ao vão de cada porta para dispersar a fuga de chi e um mensageiro dos ventos sobre a cabeça do cozinheiro, ou ambas as curas podem ser usadas. Use uma fita vermelha para estimular a sua cura. Faça uma intensa visualização de paz, riqueza e boa sorte, em geral, ao executar esta importante cura.

A Importância das Fitas Vermelhas

Curas como cristais, sinos e móbiles devem sempre ser penduradas com uma fita ou cordão vermelhos. A fita usada deve ser cortada em um múltiplo de 9 centímetros (9, 18, 27, etc.) de comprimento. Isto não significa que o sino ou bola de cristal devam ficar pendurados de uma altura exata de um múltiplo de nove. O objeto pode ficar na altura esteticamente adequada; é o cordão em si que deve ter o comprimento indicado. O que sobrar pode ser amarrado no topo, por exemplo.

❁ *Aumente a riqueza, removendo coifas e fornos.*

Uma coifa ou forno de microondas na altura ou abaixo da cabeça do cozinheiro, ou um forno sobre o topo do fogão, podem "comprimir" o chi em torno do fogão, diminuindo a vitalidade e a força tanto do alimento quanto da sua energia de riqueza. Esta condição pouco auspiciosa pode ser melhorada por diversos métodos:

- Coloque um espelho atrás do fogão para ajudar a expandi-lo e compensar pela energia comprimida. (Veja a cura da página 64.)

- Retire a unidade ofensiva, substituindo-a por um exaustor mais alto, se necessário.

- Se a retirada não for possível, pendure uma bola de cristal com uma fita vermelha dentro da coifa, onde possa ser vista, mas não muito para baixo. Esta cura pode iluminar o quadro e anular a energia opressiva. Ao fazer essas curas, visualize sua riqueza e rendas aumentando continuamente.

❁ *Atraia energia de dinheiro vivo com plantas saudáveis na cozinha.*

O local onde se prepara a comida deveria ser sempre animado, vital, cheio de energia. Levar três plantas novas e saudáveis para a cozinha traz um chi de frescor, que aumentará tanto a riqueza quanto a saúde. As plantas também "alimentam o fogo" do fogão, simbolicamente, aumentando sua força e brilho. Ao executar esta cura, visualize sua prosperidade crescente e intensa.

❁ *Promova saúde, mantendo a cozinha clara e iluminada.*

Um meio excelente de clarear o quadro monetário de sua vida é aumentando a intensidade de iluminação da cozinha, um importante cômodo gerador de riqueza. É impressionante como muitas cozinhas são escuras e deprimentes, com iluminação sombria ou até fluorescente. O preparo dos alimentos num ambiente desses é prejudicial à criação de riqueza e à saúde. A solução é clara: instale uma iluminação adequada e agradável na cozinha.

O remédio para este problema pode ser a instalação de uma luz principal mais brilhante, ou o acréscimo de mais luminárias em cima dos balcões da cozinha. Essas luzes não precisam ficar acesas toda vez que você ali estiver para que as curas sejam eficazes, embora devam estar em bom funcionamento.

❁ *Deixe que seu navio finalmente aporte na cozinha com uma travessa em forma de barco.*

Outra cura de riqueza, fácil, para a cozinha é acrescentar uma travessa em forma de barco cheia de frutas. Encha o barco com 9 ou 27 peças de frutas artificiais atraentes, ou regularmente vá acrescentando frutas frescas. Este arranjo simboliza fartura e abundância. Visualize uma colheita frutífera de renda, ao instalar esta cura na sua cozinha.

Método IV: Use "Cores do Dinheiro" para Estimular a Riqueza

Energize sua vida com uma porta principal vermelha.

A porta da frente é um dos pontos mais importantes da casa, simbolizando a entrada da energia. Se ela for auspiciosa (de sorte, rica), é um bom presságio para a riqueza. A cor da porta exerce forte impacto sobre seus pensamentos, energia pessoal e toda a sua situação financeira.

O vermelho é a cor mais auspiciosa do Feng Shui. Pintar a porta da frente de vermelho (quanto mais vibrante, melhor) é uma cura clássica para a riqueza e um método de aperfeiçoamento geral da vida. Visualize que oportunidades e acontecimentos positivos estão a caminho.

Decore sua vida, usando cores da riqueza.

Cores da riqueza para paredes incluem verde, vermelho, azul e roxo. Evite um cômodo muito escuro, que pode ser deprimente. Pode-se pintar apenas uma das paredes de um cômodo com uma cor da riqueza. Visualize que está recebendo e tendo mais renda e riqueza ao realizar esta cura.

Vista cores da riqueza para um futuro próspero.

As cores do seu guarda-roupa são outra área poderosa para criar riqueza. O **vermelho** contém riqueza, poder, sorte e energias curativas. O **roxo** é a mais forte cor da riqueza, representando realeza e um "excesso" da sorte do vermelho. O **verde** é uma cor forte da riqueza, simbolizando dinheiro, novos começos, crescimento e saúde. O **azul** representa realeza, conhecimento e riqueza.

Quando usar as cores da riqueza, não deixe de visualizar seus objetivos e desejos tornando-se realidade em detalhe.

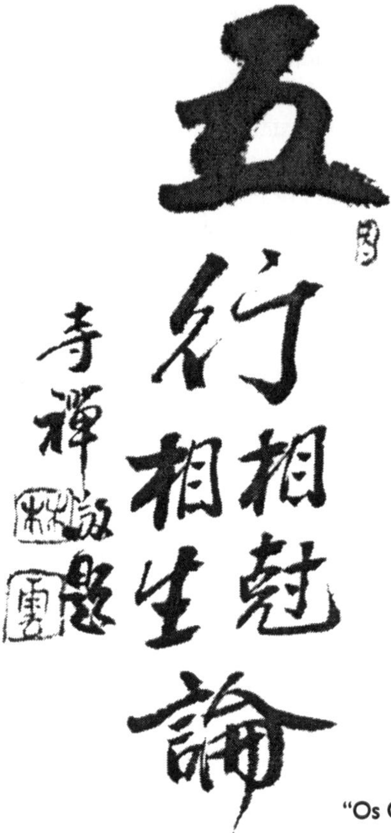

"Os Cinco Elementos"

3
Amor e Romance

PODEM-SE REALIZAR CURAS para a área universalmente importante do amor e romance, relacionamentos e casamento. As sugestões a seguir o ajudarão a melhorar (ou atrair) seu principal relacionamento — com seu amado ou parceiro. (Neste capítulo, os termos "casamento" e "relacionamento" são intercambiáveis e também se referem a "amor" e "romance".)

As partes da casa mais ligadas a esta área da vida são:

- **Sua cama.**
- **Seu quarto de dormir como um todo.**
- **O Gua do Casamento do Ba-Gua do seu quarto.**
- **O Gua do Casamento do Ba-Gua da sua casa.**

Visto que a cama e o quarto são também os principais símbolos do "Eu" (você), muitas curas deste capítulo são poderosas para mudar tanto sua vida como seu relacionamento.

As qualidades do coração, da comunicação aberta e da verdade são fundamentais para o sucesso nesta área. Para fortalecer um relacionamento existente, é muito benéfico criar uma energia carinhosa, calorosa e saudável nas partes da casa acima citadas. Para atrair um novo relacionamento, "gerar" e "ativar" o chi ajuda. Além disso, como o casamento

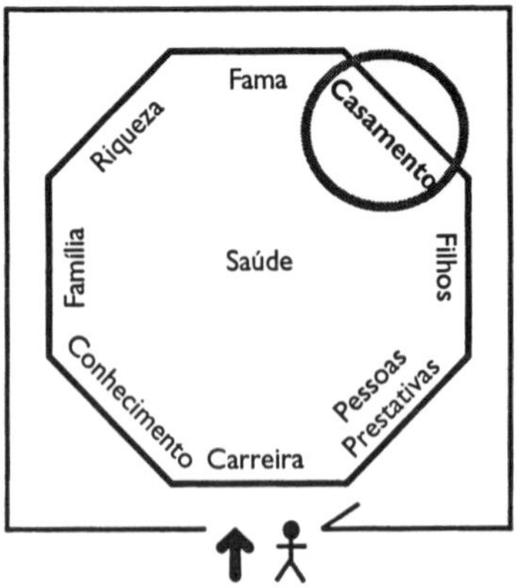

O Gua do Casamento da casa e do quarto

é um fenômeno bastante orientado para o domicílio, ele pode se beneficiar com as curas Feng Shui executadas em quase todas as partes da casa.

Método I: A Localização Poderosa do Quarto

Segundo o Professor Lin Yun, Mestre de Feng Shui, o quarto é um cômodo de grande importância da casa, se não for o mais importante. É ali que se passa um terço da vida, é o principal ambiente de descanso, relaxamento e rejuvenescimento, assim como o mais ligado aos relacionamentos. O quarto principal deveria ser o mais privado e isolado da casa — um lugar onde você se sinta confortável, seguro e protegido o bastante para "baixar a guarda" por algumas horas.

Posicionar o quarto principal no local certo da casa é uma poderosa cura Feng Shui, que beneficia relacionamentos, riqueza, saúde e outras áreas. O ideal é que o quarto seja um dos dois "pontos de poder" da casa, localizados no Gua da Riqueza e no Gua do Casamento. Estes costumam ser os dois pontos mais fortes na maioria das casas, estando sempre distantes da porta. Se o quarto estiver numa posição fraca de Feng Shui, a solução ideal é mudá-lo para uma localização mais forte da casa. Se nenhum cômodo for bom para o quarto, realize o máximo possível de curas, tendo como meta futura encontrar uma residência que tenha um bom Feng Shui para o quarto.

Segundo a Teoria do Posicionamento Relativo, o quarto é o cômodo mais próximo a você (seu corpo), tornando-o o mais importante da sua vida. Quando estiver procurando por uma residência e encontrar uma que lhe pareça ótima, mas onde o quarto principal não seja auspicioso, seria melhor desistir.

Escolha um local para o quarto que seja o mais distante possível da porta da frente.

Quanto mais distante o quarto estiver da porta principal, mais você se sentirá em controle da casa e da vida. Esse princípio e os que se seguem não são exigências, mas condições ideais a se buscar. Quanto mais seu quarto estiver alinhado com esses princípios, mais sua vida e relacionamentos estarão apoiados. Ao adaptar-se a esses princípios, visualize que seu relacionamento e vida afetiva estão melhorando muito e facilmente.

Escolha um quarto atrás da "linha central" da casa.

O quarto principal deveria ficar atrás da "linha central" da casa, para que haja paz doméstica, riqueza auspiciosa e um casamento firme. Esta parte da casa é mais silenciosa e poderosa do que a parte que fica na frente da "linha central" que é mais ligada com atividade e vida social.

Localização do Quarto

A localização do quarto é um dos dois "pontos de poder" da casa, que cria uma base mais forte para o crescimento do relacionamento. Ao escolher um local, tenha em mente os seguintes princípios:

- A entrada do quarto não deveria ser escondida ou de difícil acesso.
- O quarto não deveria ficar em uma área da casa que seja bloqueada (sem circulação ou movimento) ou estagnada (depressiva ou abafada).
- O quarto principal deveria ser o maior da casa.

Se o quarto estiver na frente da linha central da casa, o descanso pode ser perturbado, e o chi do casamento, afetado. A situação é ainda pior, se o quarto principal estiver em frente à Boca do Chi (porta da frente). Esta posição infeliz pode fazer com que um dos parceiros fique fora de casa com freqüência, levar a dificuldades matrimoniais ou até à separação.

Energize seu relacionamento, mudando o quarto de lugar.

Primeiro, é possível mudar para um quarto que fique mais nos fundos da casa, se houver um. Visualize seu casamento ou relação principal florescendo ali.

Outra opção é colocar um espelho nos fundos da casa, numa parte que esteja alinhada com sua cama. A função desse espelho será a de "puxar" simbolicamente sua cama e quarto para um local mais poderoso, sem mudá-lo fisicamente. Esta cura irá aumentar bastante a energia Feng

Shui da sua cama. Coloque um espelho que fique na altura do torso, de modo que possa refletir sua cabeça.

❁ *Corrija uma entrada de quarto escondida, bloqueada ou estagnada, com cristais ou mensageiros dos ventos.*

Este tipo de quarto pode causar muitos bloqueios existenciais. A situação pode ser sanada, pendurando-se uma bola de cristal de 50mm, ou maior, ou então um mensageiro dos ventos de som agradável do lado de fora da porta. Use uma fita ou cordão vermelhos para pendurar o objeto. Visualize que o caminho para seu quarto está livre e energético, sua vida está tranqüila e aberta, e seu casamento está sendo revigorado.

Situações a Evitar

- O ideal é que o quarto não fique em cima de uma garagem. Esta posição pode levar a uma energia caótica, desbaratada, proveniente dos carros que entram e saem. A cura para esta situação é pendurar uma bola de cristal com uma fita vermelha em cima de cada carro na garagem.
- O quarto não deve ficar perto de uma rua agitada ou ter uma rua ou entrada de carro apontando diretamente para ele. Evite-se também que ele seja vizinho a uma garagem onde o carro aponte diretamente para ele. Se o quarto estiver perto da agitação da rua, pode causar inquietação, impaciência e irritação. Se os carros apontam diretamente para o quarto, acidentes físicos podem acontecer com os ocupantes. Esta cura pode ser feita usando a solução do espelho Ba-Gua mencionada para quartos barulhentos. (Veja a página seguinte.)

❁ *Use mensageiros dos ventos ou cristais para curar um quarto muito pequeno.*

Como na cura anteriormente mencionada, pendure um cristal ou mensageiro dos ventos no centro do quarto para criar expansão do chi. Não deixe de imaginar seu espaço e casamento expandindo e crescendo.

❁ *Corrija um quarto perturbado ou barulhento, com espelhos.*

Coloque um espelho Ba-Gua na parede do lado de fora do quarto, virado para os veículos que passam ou para a casa dos vizinhos (veja a cura do espelho Ba-Gua nas páginas 170-1). Visualize-se fortemente protegido e revigorado por este espelho. Veja também seu relacionamento potencializado.

Método II: Coloque Sua Cama na "Posição de Comando"

A "Posição de Comando" é a posição mais feliz e de sorte para a cama. Esse conceito baseia-se nestes cinco princípios:

1. A relação entre a posição da cama e a porta de entrada para o quarto (ou Boca do Chi) é mais importante do que o ponto cardeal da terra para o qual a cama está virada. Visto que a Boca do Chi é o principal ponto de entrada de energia para o quarto, o modo como a cama se relaciona com ela é um fator-chave para a vida.

2. A posição da cama deveria permitir o maior alcance possível de visão — quanto mais você puder ver do quarto, mais bem-estar, expansão e controle irá sentir.

3. A porta (Boca do Chi) deveria ficar bem à vista da cama, proporcionando uma sensação de paz e segurança.

4. A cama não deveria ficar diretamente de frente para a Boca do Chi. Neste caso, acidentes ou questões de saúde podem ocorrer. Manter a cama fora da passagem direta da porta do quarto é importante para manter qualquer prejuízo afastado.

5. A cabeceira da cama deveria ficar encostada em uma parede ou num canto, como indicam as ilustrações abaixo.

Obedecer a esses cinco princípios cria um posicionamento poderoso e equilibrado. Uma vez que a posição da cama é um dos fatores Feng Shui mais importantes da vida, colocar sua cama na Posição de

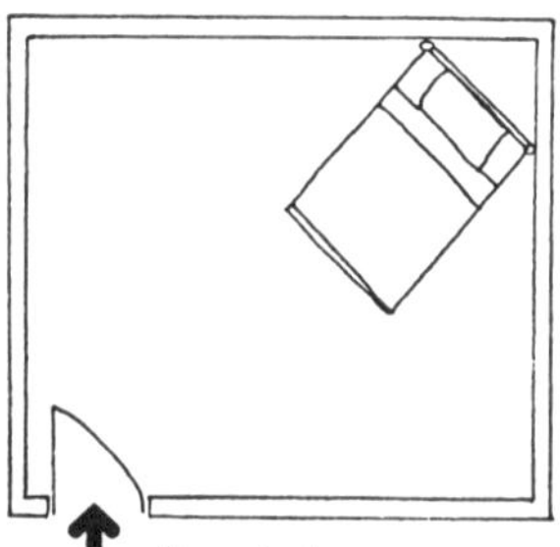

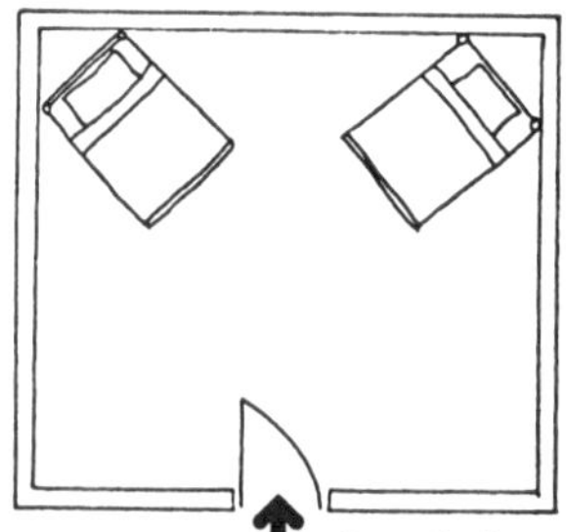

Posição de comando para a colocação da cama. A entrada da carreira oferece duas opções para o melhor posicionamento.

Comando é uma cura poderosa e muito significativa para seu relacionamento, saúde, riqueza e outras áreas.

Melhore seu relacionamento, com um posicionamento poderoso para sua cama.

Os cantos do quarto que estão mais distantes da porta são os dois pontos mais poderosos e os primeiros locais para colocar a cama (veja ilustração na página anterior). Quanto mais distante a cama estiver da porta, mais espaço fica sob seu comando e maior é sua sensação de poder. Você deveria ter a visão mais ampla possível do interior do quarto. Essa posição da cama contribui para a auto-estima e propicia um fundamento sólido para sua vida e para seu relacionamento. Visualize esse resultado em sua vida, ao posicionar sua cama.

Aproveite uma vida melhor e um relacionamento perfeito tendo uma boa visão da porta quando estiver na cama.

É importante você ter uma boa visão da porta, ao estar deitado de costas na sua cama. Ver a porta permite-lhe saber as circunstâncias e relacionamentos que se dirigem a você, dando-lhe uma forte sensação de tranqüilidade e segurança. A impossibilidade de ver a porta pode levar a temores, dúvidas e sensação de insegurança.

Se não for possível posicionar a cama de modo que a porta possa ser vista quando você estiver deitado, a cura sugerida é a colocação de um espelho na parede oposta, possibilitando sua visão através dele. Com isto, visualize estar no controle de sua vida e desfrutando de uma grande relação.

❁ *Mantenha a cabeceira da cama encostada na parede.*

Manter a cabeceira da cama desencostada da parede é uma ótima receita para a perturbação mental e a tensão no relacionamento. Esta posição também pode causar insônia e pesadelos. (A exceção a esta regra é a posição da cama em um ângulo de 45° no canto, que é ótima.)

Outra causa de insônia é a cabeceira da cama encostada na parede da janela. Esta posição pode provocar uma sensação de insegurança e incerteza em relação às coisas da vida. Além disso, pode causar problemas de saúde mental e física devido aos fluxos de energia que ficam entre a cama, você e o lado de fora da janela. Ter a cabeceira da cama encostada numa parede sólida que possua apenas uma pequena janela bem acima da cama não tem problema.

Uma sugestão de visualização para essa cura é ver você e seu parceiro seguros e numa situação bastante sólida.

❁ *Solidifique seu relacionamento com uma boa cabeceira e pé de cama.*

A cama deve ter uma cabeceira forte e sólida para se obter mais suporte na vida e no relacionamento. Uma cama com uma boa cabeceira oferece mais suporte do que uma sem. É muito benéfico consertar ou substituir uma cabeceira que balance ou que seja composta de barras ou ripas. Uma cabeceira solta pode criar insegurança na vida, enquanto que as feitas de barras transmitem uma sensação inconsciente de "aprisionamento". Outra coisa importante é que o pé da cama não se estenda acima do colchão. Se o fizer, seu progresso e carreira podem ficar impedidos.

Ao executar qualquer destas curas, visualize uma vida e relação mais fortes e equilibradas.

Método III: Melhore o Chi de Sua Cama

Vida nova com uma cama nova em folha.

Uma grande maneira de recomeçar a vida, assim como o relacionamento, é conseguindo uma cama nova em folha. Uma cama nova é um símbolo poderoso de novas oportunidades para os domínios internos e externos da vida. Procure pela melhor cama que puder pagar e desfrute de grandes benefícios. Um momento especialmente poderoso para aplicar esta cura é quando você estiver mudando para uma nova casa, ou ao término de uma relação importante.

Coloque um mensageiro dos ventos sobre a cama para despertar sua energia de relacionamento.

O espaço sobre a cama é um dos primeiros locais para poderosas curas Feng Shui. Colocar ali um mensageiro dos ventos ou um sino de bronze trará nova energia e frescor para sua vida amorosa. Pense nisso como um "chamado ao despertar" metafórico para sua cama e para sua própria

Camas de Segunda Mão

É altamente recomendado que se evite pegar uma cama usada, seja ela herdada ou recebida de presente. Camas usadas carregam consigo o chi dos antigos donos, o que pode afetar o seu chi. Elas nunca terão o frescor que as camas novas têm. A melhor energia provém de ser a primeiríssima pessoa a ter dormido na cama. Para criar um chi renovado em sua cama atual, uma cura substituta é comprar lençóis e fronhas novos. Ao fazer isso, visualize um novo relacionamento em sua vida.

energia. Um mensageiro dos ventos serve muito bem para estimular o amor e nova atividade no setor romântico da sua vida. Para resultados completos desta cura, visualize o início de algo novo e maravilhoso em seu relacionamento.

❁ *Expanda seu relacionamento, pendurando uma bola de cristal.*

Segundo o Professor Lin Yun, quanto mais próxima estiver de você (do seu corpo) uma parte do ambiente, maior seu efeito sobre sua vida. Depois do próprio corpo, o ambiente Feng Shui mais próximo é a cama.

Além do posicionamento e orientação corretos da cama, o espaço que a cerca é uma arena poderosa para curas Feng Shui. Uma cura excelente que causa impacto positivo em seu relacionamento, assim como na saúde e na clareza mental, ativando sua energia pessoal, é pendurar uma bola de cristal (com uma fita vermelha) sobre a cabeceira da cama. As qualidades expansivas, brilhantes e reflexivas do cristal irão expandir sua sabedoria e trarão uma nova luz ao seu relacionamento, ajudando a remover divergências e problemas.

❁ *Acrescente amor à vida com lençóis ou cobertores cor-de-rosa.*

Lençóis cor-de-rosa na cama favorecem o amor numa relação existente, ou trazem um novo romance. Cor-de-rosa é a cor básica que representa o amor no Feng Shui. Esta influência junto ao corpo é um meio fácil de ajustar o chi e estimular a área do relacionamento. Ao colocar lençóis cor-de-rosa na sua cama, mentalize o amor se expandindo espontaneamente em sua vida.

Espelhos em Frente à Cama

No Feng Shui tradicional não se recomenda a colocação de espelhos na frente da cama. Acredita-se que ali o espelho pode causar insônia, sonhos negativos e sobressaltar a pessoa quando acorda.

No Feng Shui do Professor Lin Yun, entretanto, um espelho ali colocado cria benefícios, que incluem maior sensação de auto-estima, melhor lembrança dos sonhos, mais consciência de si mesmo e capacidade crescente de ir adiante na vida.

Unifique o relacionamento, consertando sua cama king-size.

Camas *king-size* são um caso especial porque o estrado é dividido em duas peças, criando uma separação oculta na camada debaixo da cama. Isto contribui para uma influência divisória no relacionamento e é especialmente negativo porque ocorre em nível oculto.

Há duas maneiras de remediar esta situação e criar mais unidade. Uma é trocar por uma cama *queen-size*. Outra é usar a energia curativa da cor vermelha para emendar a separação. Coloque um lençol vermelho tamanho *king-size* sobre o estrado, abaixo do colchão, e visualize as duas seções do estrado fundidas em uma só e o seu relacionamento sendo sólido, feliz e unificado em todos os níveis.

Tenha um bom relacionamento, eliminando bloqueios subconscientes.

Guardar coisas embaixo da cama é receita certa para obstáculos ocultos em sua vida afetiva. Se esse espaço estiver bloqueado, sua vida pode ficar bloqueada de modo invisível,

Elevar o Chi

Se quiser fortalecer seu próprio chi, pendure um cristal diretamente sobre o local onde sua cabeça descansa quando você dorme. Para elevar o chi do casal, pendure-o acima e no meio de onde as cabeças descansam.

tanto na área do relacionamento como em outras. Retirar qualquer coisa que esteja guardada sob a cama promove um efeito de alívio e liberação significativo para o relacionamento. Para ampliar essa intenção, visualize que velhos problemas pendentes são resolvidos e que a liberdade e a energia abundam em sua vida e em seu relacionamento.

Método IV: Curas para Seu Quarto e para os Guas do Seu Casamento

Crie harmonia e unidade com um espelho redondo no quarto.

A energia de um espelho consegue atrair e expandir a energia do relacionamento; as formas circulares simbolizam unidade e harmonia. Um espelho redondo no quarto é um modo de atrair um novo relacionamento ou de aumentar a harmonia e unidade ao já existente. Esta cura é mais poderosa, se o espelho for colocado no Gua do Casamento do quarto. Fortaleça o espelho, escolhendo um que tenha como diâmetro um múltiplo de 9cm. Visualize que seu relacionamento está agora mais pacífico, harmonioso e fortalecido.

Economize sua energia — proteja a cama de uma porta de banheiro.

Atualmente muitas casas são construídas com suítes, que incorporam um banheiro e um quarto de vestir ao quarto. Embora seja um arranjo conveniente, pode também causar problemas Feng Shui. Uma porta de banheiro perto da cama pode causar um grande esgotamento na relação e em outras áreas da vida. O melhor a fazer é manter a cama o mais distante possível da porta do banheiro. O pé da cama não deve apontar diretamente para a porta do banheiro, pois esta posição pode levar a problemas de saúde.

É melhor manter fechadas as portas de banheiros localizados dentro de suítes. Isto previne que o chi do relacionamento e da saúde vazem para o banheiro, causando um esgotamento na energia vital. Coloque um espelho inteiro do lado de fora da porta de um banheiro de suíte, ajudando assim a manter a energia do banheiro mais contida e coerente. Visualize a retenção de sua energia, o crescimento da sua vida e a melhora do seu relacionamento.

Traga um novo chi com flores frescas.

Levar flores recém-colhidas para o quarto renova a energia do relacionamento. As flores também acrescentam sorte à vida. Troque-as, assim que começarem a murchar.

Retire também todas as flores mortas ou secas do quarto e do resto da casa. Esses símbolos de energia passada, "usada", não ajudam a atrair um parceiro lépido e vivaz. Evite as flores secas (mortas); elas podem ter um impacto negativo no ambiente e em seus habitantes.

Ao realizar esta cura, visualize que você se libera do passado e fica livre de qualquer coisa que o detinha.

✿ Ilumine o relacionamento com uma luz mais forte no quarto.

Outra cura poderosa para o relacionamento é colocar uma luz forte no quarto. A luz principal deveria ser forte o suficiente para iluminar, sozinha, todo o quarto. Um chi brilhante neste cômodo leva a um futuro brilhante para você e seu parceiro. Esta cura funciona quer você acenda a luz forte, ou não — basta sua presença. A luz precisa estar em boas condições de funcionamento. Esta cura também serve à saúde e a um chi pessoal mais forte. Visualize um futuro mais brilhante para você e para o seu casamento ou relação.

✿ Crie força e crescimento no seu relacionamento, com uma flauta.

Flautas de bambu são um instrumento poderoso para elevar e fortalecer muitas áreas da vida. Ao serem usadas para curas Feng Shui, as flautas de bambu simbolizam e proporcionam muitas qualidades poderosas, inclusive segurança e proteção, força, novo crescimento, boa sorte e bênção espiritual.

Essas importantes qualidades podem ser usadas para habilitar seu relacionamento ou ajudar você a encontrar a pessoa certa. Realize a cura da flauta para sua vida afetiva, pendurando uma no Gua do Casamento do seu quarto. O ângulo correto para pendurá-la é em 45°, com a ponta mais

> **Iluminação**
>
> A melhor iluminação para o Feng Shui é forte e clara, e não berrante ou atordoante, especialmente na luz do teto.

Notas sobre Flautas de Bambu

As flautas de bambu usadas em curas simbolizam e proporcionam as seguintes qualidades benéficas:

- Paz, segurança, proteção e força, simbolizadas pelo bambu.
- A vida melhorando em estágios. Cada seção do bambu é mais longa que a precedente.
- Novo crescimento e boa sorte. O bambu brota de forma poderosa e simboliza a riqueza.
- Bênção espiritual. A flauta de bambu representa elevação e bênção na vida.

O tipo de flauta e o modo de pendurá-la são importantes. A flauta deve ser de bambu, com as divisões de seus segmentos ainda intactas; evite as que são lixadas. A flauta é mais poderosa, se seus segmentos ficarem cada vez mais longos, o que significa a melhora gradual da vida.

A flauta deve ser pendurada com uma fita vermelha cortada em um múltiplo de 9cm de comprimento e com uma borla pendurada em cada ponta da fita. Pendure a flauta com os segmentos mais curtos voltados para baixo, e os mais longos, para cima. Caso sua cura da flauta tenha algumas dessas características, mas não todas, ela irá funcionar, mas não com tanta eficácia quanto poderia.

Flauta de bambu, mostrando o ângulo sugerido para pendurar.

alta para a direita. Ela deve ser pendurada à altura dos olhos ou mais elevada. Realce a cura visualizando que sua relação ou casamento torna-se mais compreensivo e amoroso ou vendo um grande novo parceiro chegando.

Retenha a energia da sua relação, interrompendo os "vazamentos de energia".

Se houver uma porta externa ou janela grande no Gua do Casamento da sua casa ou do seu quarto, o chi pode estar escapando, causando perda de energia em sua relação. Essa situação pode ser remediada, pendurando-se um mensageiro dos ventos ou uma bola de cristal em frente à janela ou vão da porta. Esta cura também serve para criar uma relação mais brilhante, expansiva e/ou mais verdadeira. Com esta cura, visualize que seu relacionamento fica mais forte, seguro e feliz.

Solidifique uma relação volúvel, com uma pedra ou estátua forte.

Se o seu relacionamento for beneficiado com uma maior profundidade e base, coloque uma pedra sólida, uma estátua pesada ou outro objeto forte no canto do quarto que corresponde a essa área. Ao realizar esta cura, visualize que sua relação se torna sossegada e sólida.

Atraia um novo romance, com uma flor vermelha.

Coloque uma flor vermelha num vaso branco no canto do relacionamento do seu quarto para atrair uma nova situação romântica. Ao colocar esta flor, concentre-se no olhar de sua mente e veja um relacionamento despontando no seu caminho.

❁ *Crie mais paz, escolhendo as cores Feng Shui para seu quarto.*

A sábia escolha da cor para o quarto eleva o teor de sua vida afetiva. As cores mais recomendadas para o quarto principal são os tons de verde e azul, que são curativos e equilibram. Os tons escuros, que levam à depressão ou introversão, devem ser evitados. Os acabamentos foscos ou em semibrilho são mais calmantes que os brilhantes. Outra cor de paredes que ajuda a trazer a energia do amor para o quarto é o rosa. Para dispor totalmente desta cura, visualize paz, saúde e equilíbrio.

❁ *Traga um novo relacionamento, curando a porta do seu quarto.*

A energia precisa fluir dentro do seu quarto para que você atraia uma relação. A porta de entrada precisa estar em boas condições, abrindo e fechando bem. É importante retirar todos os artigos em volta da porta que obstruam a passagem

A Cor Pêssego

Os ensinamentos Feng Shui recomendam sabedoria ao usar a cor pêssego, ou então evitá-la de vez no quarto, nas salas de estar e de jantar e na cozinha. O pêssego inicialmente atrai carisma e romance, mas a situação logo se transforma em discórdia. Se quiser usar a cor pêssego para atrair um romance ou ajudar a manter uma relação, pode fazê-lo, mas mude para cor-de-rosa logo após o início da relação. Ao aplicar qualquer dessas cores em seu quarto, visualize uma parceria estável, feliz e duradoura.

ou dificultem o movimento da mesma. Os melhores efeitos desta cura serão obtidos com a visualização de que nova energia e vida dirigem-se ao seu relacionamento. Esta cura também lhe permite falar a sua verdade e comunicar-se mais livremente com o parceiro. Verifique as sugestões Feng Shui nas páginas 78-9 e acrescente-as a esta. (Ao fazê-lo, preste atenção a todas as portas da casa.)

Disperse brigas de casal causadas por portas que colidem.

Se a porta do seu quarto colide com outra, podem surgir conflitos e brigas. Remedeia-se a situação, colocando borlas vermelhas nas maçanetas de cada porta. Ao fazer isto, visualize uma sensação de paz e um encontro harmonioso de vozes na sua relação.

Crie um novo relacionamento, vestindo cor-de-rosa.

Ao escolher as cores de suas roupas de acordo com o Feng Shui, você estará criando mudanças no seu chi e no seu destino. Uma nova relação pode ser atraída pelo cor-de-rosa, a cor dos relacionamentos. (Não precisa ser visível.) Esta cura é mais forte se você usar roupa cor-de-rosa nove dias seguidos. Visualize a chegada de uma relação feliz e duradoura.

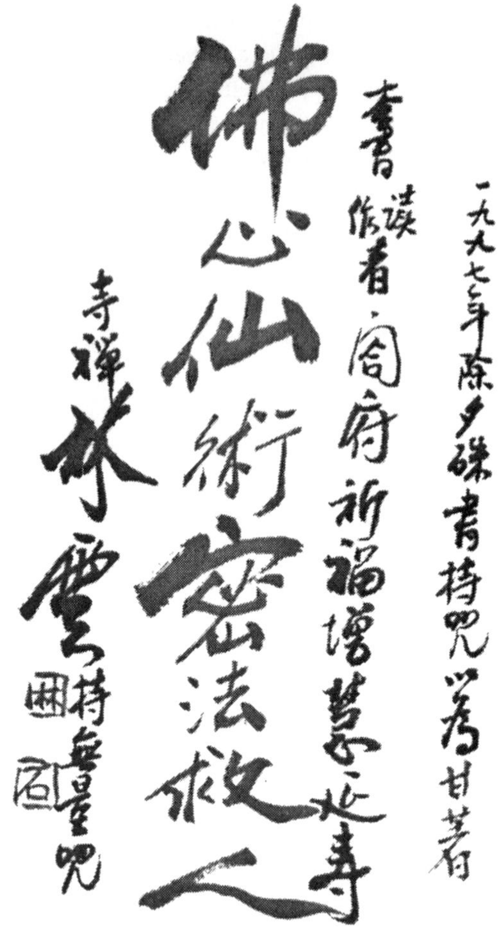

"O Coração de Buda"

4
Saúde e Vitalidade

SAÚDE É CENTRAL NO FENG SHUI, tanto em importância quanto em posição. A saúde habilita todas as partes da vida e está especialmente ligada à riqueza. Pode ser um clichê, mas é fato que, não importando o que se tenha, sem saúde temos muito pouco. O Professor Lin Yun ensina que sua saúde está associada com a área central da sua casa, do seu escritório e do seu quarto.

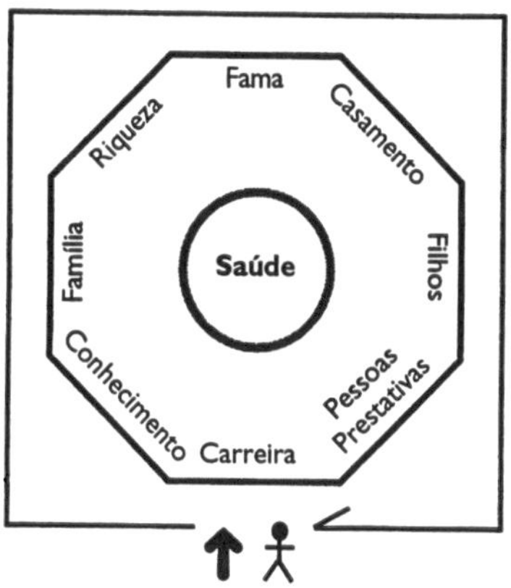

O Gua da Saúde

Método I: Eleve o Nível de Vitalidade do Seu Ambiente

❁ *Crie benefícios múltiplos e maciços com uma limpeza.*

Uma das sugestões mais importantes do Feng Shui é a de limpar a casa. É isso mesmo, a velha faxina é o principal método para elevar o chi da casa e da vida. A sujeira retém uma quantidade enorme de energia psíquica no seu espaço, esgotando a energia em níveis sutis e deixando você desnecessariamente emperrado. Deve-se limpar muito bem qualquer Gua da casa que necessite de um impulso.

Ao fazer a limpeza, visualize a velha energia e os antigos problemas sendo varridos, e nova energia e possibilidades derramando-se sobre sua vida.

❁ *Desfrute de saúde e energia, acrescentando energia viva ao seu quarto.*

Manter coisas vivas e saudáveis à sua volta é fundamental para melhorar o estado de saúde. O quarto de dormir é um grande local para plantas que irão alegrar a atmosfera, acrescentar a cor curativa do verde e oxigênio fresco, além de propiciar-lhe energia vital. Esta cura tem o efeito de elevar sua energia, refrescando seu físico e reavivando seu espírito. Visualize saúde radiante e energia saudável circulando pelo seu corpo.

❁ *Melhore a saúde, realçando o centro da casa.*

Fortalecer o centro fortalece toda a vida. A terra é o elemento associado com o Gua da Saúde (veja a página 93).

Plantas e Curas Feng Shui

Tanto as plantas vivas quanto as feitas de seda funcionam bem, como curas. Se usar as de seda, escolha as que pareçam mais reais. Se usar plantas vivas, mantenha-as saudáveis e bem-cuidadas. Se ficarem doentes ou morrerem, substitua-as imediatamente por outras maiores e mais alegres. As melhores plantas para curas são as viçosas e cheias, com muito verde. (Plantas que tenham folhas pontudas, que espetem, ou que sejam dentadas, como o cacto e outras do gênero, devem ser evitadas.)

Trazer a energia da terra para o centro fortalece a saúde e todas as outras áreas da sua vida. A energia da terra pode ser trazida para o Gua da Saúde, com a colocação de objetos de barro (cerâmica, escultura, plantas em grandes vasos) ou com o uso de cores da terra: amarelo, laranja, ocre, marrom ou castanho. Esta cura é ainda mais benéfica, quando acompanhada pela visualização do fortalecimento da saúde.

Desperte nova energia curativa com um mensageiro dos ventos no quarto.

Como o centro representa o Gua-chave para a saúde, e o quarto é o cômodo para descanso e rejuvenescimento, realçar o centro do quarto é uma estratégia poderosa para impulsionar o seu chi da saúde. Um mensageiro dos ventos pendurado do teto no centro do seu quarto ativará muito sua saúde física e emocional. Use um de metal (o bronze, por exemplo) com um som que lhe agrade e pendure-o com um cordão vermelho.

Esta cura é eficaz, mesmo na ausência de ar suficiente para movimentar o mensageiro. Sempre que quiser impulsionar sua saúde ou energia pessoal, toque o "sino da saúde" e visualize novas forças e vitalidade despertando e circulando pelo seu corpo.

Evoque saúde espiritual e física com imagens de cura ou de natureza.

Todas as tradições culturais e espirituais contêm certas personalidades humanas ou divinas cuja especialidade é curar e nutrir o físico. Esses mestres, patronos, santos, anjos e divindades da cura sempre ajudaram os humanos que a eles recorreram em momentos de necessidade. Um grande caminho para usufruir dessa energia atemporal é colocando na casa uma pintura ou escultura de uma figura que represente a cura e que tenha um significado importante para você. Criar um local especial para que ela resida, especialmente no centro da casa, eleva o chi de cura do ambiente.

Método II: Proteja Cama e Mesa para Promover Segurança e Saúde

Além das sugestões para o posicionamento da cama mencionadas no capítulo 3, o espaço sobre ela é um importante fator de saúde a ser considerado. Devem-se equilibrar os efeitos de tetos muito inclinados e de vigas diretamente sobre a cama. Em qualquer dessas situações, saúde e sorte melhoram com a realização das simples curas a seguir.

Imagens de Cura e de Natureza

Cada tradição possui um ou diversos personagens relacionados à cura e à saúde. Selecione aqueles com que pessoalmente você se identifica e, com reverência, convide-os a entrar em sua casa como símbolo de sua conexão e submissão a um poder mais elevado de cura. Uma variação disso é o uso de fotografias ou pinturas de cenas da natureza que transmitam sensação de vigor, fortalecimento e cura. Fotografias de ambientes cheios de verde, como florestas e selvas, podem ser especialmente úteis.

Ao realizar esta cura, onde quer que você esteja, visualize estar sendo abençoado pelo poder regenerador universal.

Alivie o estresse mental, corrigindo tetos inclinados opressivos.

Teto inclinado opressivo é todo aquele que fica num nível abaixo do normal; em geral, considera-se assim um teto com inclinação inferior a 1,80m ou dois metros. Esse tipo de teto sobre a cama pode causar um efeito depressivo sobre a energia e a saúde, além de contribuir para depressão, insônia e dispersão mental. Uma boa cura é pendurar uma bola facetada de cristal ou um pequeno sino de bronze sobre a cama, a uns poucos centímetros do teto. Isto ajudará a dispersar a energia descendente que oprime, e também traz o benefício de ativar seu chi. Não deixe de pendurar o cristal ou sino com um cordão vermelho cortado em um múltiplo de nove centímetros de comprimento. Ao executar a cura, visualize mais saúde e distância das doenças.

❁ Obtenha mais segurança, sanando as vigas posicionadas diretamente sobre a cama.

Vigas sobre a cama geram um impacto negativo sobre a saúde física e mental. *Uma viga correndo ao comprido* acima da cama pode causar problemas na linha do meio do corpo (aquela com a qual se alinha); se *a viga estiver entre o casal*, o relacionamento pode ficar dividido. *Uma viga atravessada sobre a cama* afeta negativamente as partes do organismo que cobre. *Uma viga sobre a cabeceira da cama* pode provocar dores de cabeça e problemas no pescoço; *no centro*, problemas digestivos ou abdominais; *sobre o pé*, ferimentos nos pés.

A cura para essas vigas consiste na utilização de bolas de cristal ou sinos, cada um pendurado numa ponta da viga para dispersar a energia. A cor vermelha também pode ser usada em forma de franja presa ao longo da viga. Mais energia curativa é obtida com uma trepadeira de seda em forma de hera decorando-a por inteiro.

As vigas que correm sobre a mesa de jantar também exercem um efeito negativo sobre a saúde, a carreira e a relação matrimonial. As mesmas curas usadas para vigas sobre a cama podem ser aplicadas aqui.

Ao realizar estas curas, visualize que você está livre de acidentes e doenças e que seu relacionamento está protegido.

Método III: Use Curas de Cor para Sua Saúde

❁ Eleve a vitalidade da cama, com o vermelho.

A cama é o local de descanso e rejuvenescimento, e oferece uma série de oportunidades para curas que melhoram a saúde. O vermelho é usado no Feng Shui para acrescentar a energia que cura e restabelecer qualquer situação. Uma ótima maneira de impulsionar sua energia e vitalidade é colocar um lençol vermelho vibrante entre o colchão e o estrado da cama. Ao fazer isso, visualize seu corpo radiante e a cor vermelha impulsionando sua energia pessoal, evitando todas as doenças e problemas de saúde.

❁ *Reavive o chi inato de cura, com verde ou amarelo.*

Além de vestir as cores dos Cinco Elementos para cura (veja a página 104), algumas poderosas cores individuais podem ser usadas. O verde relaciona-se com uma nova vida e crescimento; e o amarelo, diretamente com a energia de cura.

Vestir essas cores é especialmente eficaz, se você visualizá-las impulsionando sua energia. Use tons que lhe agradem. Ao fazê-lo, mentalize mais saúde física, mental e emocional.

❁ *Gere boa saúde, com uma porta verde ou vermelha.*

A porta da frente pode ser pintada num bonito tom de verde como bons fluidos de saúde e boa sorte para todos na casa. Quando ela estiver sendo pintada, visualize que o poder do verde está aumentando a saúde, a vitalidade e a boa sorte da sua casa e da sua vida. (Veja a página 71 para a porta vermelha.)

Método IV: Acabe com os Vazamentos de Energia para Reter a Energia Doméstica

❁ *Aumente a energia pessoal, mantendo as portas dos banheiros fechadas e espelhadas.*

Uma cura simples e fácil para impulsionar a saúde é manter as portas dos banheiros fechadas. Banheiros contêm diversos escoamentos que esgotam a energia pessoal e a da residência. Quanto mais a energia doméstica for conservada, mais fortalecida estará a sua própria.

Outra cura que retém energia é a colocação de um espelho inteiro na parte externa da porta do banheiro. Esta é especialmente importante para uma porta que fique dentro de um quarto ou no final de um corredor.

Visualize saúde e energia pessoal aumentando através do poder desta cura.

❁ *Conserve a saúde, adaptando um banheiro localizado no centro da casa.*

Visto que o centro é habitado pelo chi da saúde, o centro da casa é o pior local para um banheiro. A cura recomendada num caso desses é espelhar suas quatro paredes internas. Se não for possível, pelo menos coloque um espelho inteiro do lado de fora da porta e mantenha-a fechada. Esta cura também serve para um banheiro localizado perto da entrada principal da casa. Visualize mais saúde e energia, ao executar estas curas.

❁ Retenha energia, mantendo os escoamentos fechados.

Outro bom passo em direção à retenção da energia pessoal pode ser feito mantendo-se todos os ralos da casa fechados quando não estiverem em uso. Isto é de máxima importância para os vasos sanitários (tampas para baixo), mas também se aplica às pias, banheiras, chuveiros, escoamentos de piso, máquinas de lavar e outros ralos do ambiente. A maioria das pessoas que executa esta cura relata melhora imediata e palpável no modo de se sentir. Esta cura é acompanhada pela visualização de maior energia pessoal.

❁ Aumente a paz e a segurança, consertando ângulos e cantos protuberantes.

Ângulos agudos e cantos que se projetam em cômodos-chave, como quartos e salas de estar, podem exercer efeitos perturbadores perceptíveis em seu chi e, portanto, na sua saúde. Mesmo um móvel ou obra de arte pode projetar-se e passar um "chi negativo" para o cômodo. Remediar essas situações aumenta a paz e o equilíbrio da sua casa. Pendure uma bola de cristal ou um sino de bronze, ou coloque uma planta em frente ao ângulo problemático.

Ao utilizar esta cura, visualize mais saúde e segurança para toda a família.

❁ Evite problemas de saúde, curando escadas em espiral.

Escadas em espiral são uma ameaça à saúde, pois sua forma de saca-rolhas cria uma energia "descendente". Essa característica pode ser nociva para a saúde física e criar acidentes, ferimentos e má sorte. O efeito negativo de uma escada em espiral é ainda maior, se ela for colocada depois que você já estiver morando na casa, algo a ser evitado a todo custo. O pior local para uma escada em espiral é o centro da casa, que representa o Gua da Saúde da residência.

É muito importante curar a energia dessas escadas. Sugere-se um ou mais destes remédios:

Enrole uma trepadeira de seda verde em torno do corrimão, de cima a baixo. O verde acrescenta energia vital compensadora à escada, trazendo a influência do seu chi para o espaço. A sensação da seda na mão ao descer e subir estimula seu sentido do tato — um auxílio sutil, contudo eficaz para o sistema imunológico.

Acrescente uma planta verde — quanto maior, melhor — tanto embaixo da escada quanto no alto. A planta que ficar embaixo irá preencher o espaço e ajudará a interromper a ação descendente da escada. A do alto será uma visão de cura ao se chegar ao topo e ajudará a "puxar" a energia para cima, ajudando a subida. As duas plantas criarão um chi mais vivo e ativo. Mesmo que seja possível acrescentar apenas uma planta, esta cura ajuda.

Coloque uma bola de cristal acima do topo da escada. Ajuda a harmonizar, equilibrar e elevar o local, anulando os efeitos de distorção exercidos pela escada em espiral sobre o chi humano e ambiental.

Ao fazer estas curas, o efeito total será atingido se você visualizar seu chi elevado, a saúde melhor e o corpo radiante de vitalidade.

Potencializar Suas Curas

As curas da planta e da trepadeira de seda podem ser integradas e potencializadas, se uma ponta da trepadeira for inserida na terra de cada vaso. Assim, a trepadeira liga-se simbolicamente à planta, formando um sistema único e conduzindo o chi das duas por todo o campo da escada.

Método V: Use os "Cinco Elementos" para Cura e Equilíbrio

A saúde é realmente uma questão de equilíbrio. Na teoria chinesa da energia há cinco elementos que criam todas as coisas no universo, inclusive nossos organismos: madeira, fogo, terra, metal e água. A antiga medicina chinesa afirma que todos os problemas de saúde dos humanos resultam de um desequilíbrio nas quantidades relativas dessas energias básicas no corpo.

Cada um dos Cinco Elementos representa um princípio energético único que é importante para o equilíbrio e a saúde. Seguir essa orientação é um modo poderoso de aumentar a saúde, a paz e o equilíbrio. A presença de todos esses elementos no seu ambiente consegue trazer mais harmonia e energia à sua vida.

Gere equilíbrio, trazendo todos os Cinco Elementos para o cômodo-chave.

A representação física de um elemento pode ser qualquer coisa que o caracterize. Use sua imaginação e criatividade. O elemento fogo, por exemplo, pode ser representado por uma lareira, a madeira por um móvel, a terra por uma peça de cerâmica ou barro, a água por uma pintura de um rio, e o metal por uma mesa deste material.

Se toda a família quiser melhorar a saúde e o equilíbrio, cômodos que a centralizam, como a sala de estar, são bons lugares para se executar esta cura. Se for a saúde de uma pessoa em especial que estiver necessitando de energia, o quarto dela será o melhor local para os Cinco Elementos.

Podem-se colocar uma fonte (água), um ornamento ou escultura de metal (metal), uma vela (fogo), um pote ou tigela de barro (terra) e uma planta, cadeira ou mesa de madeira (madeira) na sala de estar, no quarto principal ou no quarto da pessoa que esteja precisando melhorar sua saúde.

Ao arrumar cada item, visualize esses elementos se combinando e contribuindo para sua saúde. Visualize também que eles o ajudam a equilibrar seu próprio organismo e bem-estar, pela correção dos elementos internos.

Reanime sua saúde, com as cores dos Cinco Elementos.

Outro modo eficaz de aumentar a saúde com a poderosa energia dos Cinco Elementos é usar as cores que os representam.

Elas podem ser introduzidas no ambiente, com um projeto que reúna as cores de cada elemento ou através de cinco itens, cada um com uma delas. Potencialize esta cura visualizando que as cores dos Cinco Elementos aplicadas ao ambiente combinam entre si e trabalham para harmonizar e equilibrar seus órgãos internos e sistema orgânico, resultando em maior saúde e equilíbrio para seu organismo.

ELEMENTO	ESCOLHA DE CORES
Madeira	Verde, azul, azul-esverdeado
Fogo	Vermelho
Terra	Amarelo, alaranjado, marrom, ocre
Metal	Branco
Água	Preto, azul-escuro

Fortaleça sua saúde, com os Cinco Elementos no centro.

O centro é o Gua que mais afeta sua saúde no diagrama do Ba-Gua. Uma variação especialmente poderosa da cura acima é reunir artigos ou cores de cada um dos Cinco Elementos e arrumá-los perto do centro da casa ou do quarto. Aqueles que se preocupam muito com a saúde ou que estão muito carentes nessa área da vida podem realizar esta cura em todos os três locais: sala de estar, quarto e centro da casa.

Quando fizer isso, visualize energias equilibradas saudáveis irradiando do centro para todo o resto da sua casa e para sua família e sua vida.

Inflame sua energia, vestindo as cores dos Cinco Elementos.

Vista-se com roupas que contenham as cinco cores, uma de cada elemento. Fazer isso por nove dias consecutivos irá gerar e aumentar o chi de equilíbrio e saúde. Visualize uma saúde esplêndida.

Método VI: Elimine a Contaminação da Sua Casa

As escolhas da vida moderna inundaram nossas vidas e nossas residências com uma imensidão de comodidades e aparelhos tecnológicos que trazem consigo materiais ainda não examinados. Utilize estas sugestões para proteger-se das modernas invasões à saúde do domicílio. Ao executar qualquer destas curas benéficas, visualize que o poder delas aumenta e protege sua saúde.

❁ *Reduza o estresse, mantendo artigos elétricos longe da sua cama.*

A condição Feng Shui em torno do local onde se dorme é vital para a saúde física e o bem-estar. Instrumentos elétricos têm importância especial. Despertadores, rádios, aparelhos de som, rádios-relógio e interruptores de luz localizados perto da cama podem secretamente afetar a saúde. Emitem poderosos campos eletromagnéticos que destroem a vitalidade e diminuem a resistência às doenças.

Melhore sua saúde, afastando seus instrumentos elétricos para uns 60 a 90 centímetros do seu corpo. Outra opção é substituí-los por aparelhos alimentados a pilha. Aquecedores de cama d'água e cobertores elétricos são particularmente nocivos à saúde. Diminua seus efeitos, ligando-os meia hora ou uma hora antes de deitar-se e então os desligando quando for para a cama.

❁ *Reduza o estresse, eliminando os campos eletromagnéticos da sua casa.*

Campos eletromagnéticos exercem uma influência perturbadora sobre os campos energéticos humanos, gerando confusão, perda de energia física e possivelmente o enfraquecimento do sistema imunológico. Nossas casas estão banhadas desses campos invisíveis oriundos de uma série de fontes conhecidas e desconhecidas.

Os níveis de energia eletromagnética da casa podem ser avaliados com um medidor manual de densidade do fluxo magnético. O campo recomendável é de uma unidade ou menos.

❁ *Filtre o ar para obter mais saúde.*

A qualidade do ar é uma prioridade para a saúde. A mídia já publicou que o ar dentro de sua residência pode estar de duas a dez vezes mais poluído que o ar externo de uma cidade. Filtros de ar são a arma de opção nessa batalha. Escolha um que retire fumaça, gás, partícula e poeira indesejados do ambiente.

Lista Básica de Proteção contra Campos Eletromagnéticos

- Afaste todos os aparelhos eletrônicos para 90cm ou mais da cama, inclusive rádios-relógio. Modelos operados à pilha são bons substitutos.
- Desligue cobertores elétricos e aquecedores de camas d'água antes de deitar-se.
- Instale um interruptor que desligue toda a energia elétrica do quarto à noite.
- Retire luzes néon e fluorescentes do ambiente. Substitua as luzes fluorescentes pelas incandescentes.
- Verifique se a fiação do sistema elétrico está corretamente instalada e com o fio terra.
- Use um monitor de computador que esteja de acordo com as mais restritas especificações para proteção ergonômica das radiações emitidas pelo computador. Uma tela de proteção é também muito útil. Mantenha o gabinete do computador (que contém a unidade de processamento) fora da escrivaninha e pelo menos a uns setenta e cinco centímetros do seu corpo.

❁ Melhore muito sua vida, purificando a água.

Durante um banho de chuveiro de dez minutos o corpo tem capacidade de absorver o equivalente a 50ml de água ingerida. Como a água é uma das coisas mais importantes que absorvemos, sua qualidade é importantíssima para a saúde. A qualidade da água de torneira é questionável; você pode testar a sua através de um laboratório independente. A cura recomendada é filtrar a água, embora seja bom fazer uma pesquisa. Um sistema de filtragem para toda a casa seria o ideal, mas a instalação pode custar muito caro. Em vez disso, um filtro de chuveiro de alta qualidade, que retire o cloro e o chumbo da água, é um bom começo. Filtros para a água de beber são uma necessidade básica em quase todas as casas. A filtragem por osmose inversa é uma das melhores soluções para a água de beber, mas é mais cara do que o filtro de carvão ativado, que remove sedimentos, cloro e alguns dos principais elementos prejudiciais. Uma novidade no cenário de filtragem de água é o *microwater filter*, que muda o pH da água para um nível altamente benéfico à saúde.

❁ Desfrute da sensação de uma casa limpa, com um bom aspirador.

O aspirador de pó comum realiza a seguinte proeza: ele suga a sujeira do carpete, retendo os pedaços maiores, mas depois simplesmente pulveriza o resto da sujeira e parasitas, expelindo a mistura (invisivelmente) de volta para o ar, onde pode ser inalada. Isso pode ser modificado, trocando-se o piso de carpete por um de madeira ou, por um custo menor, por outro modelo de aspirador que limpe o ar além de limpar o chão. Seus pulmões agradecerão.

❁ *Melhore o estado do seu sistema imunológico, retirando os produtos químicos tóxicos da sua casa.*

Os modernos produtos químicos de limpeza também trazem um monte de gases prejudiciais para dentro de casa. É bem possível que você guarde muitos desses artigos embaixo da pia da cozinha, o que também pode acrescentar uma essência sutilmente negativa ao processo de cozinhar.

O estresse físico que isso provoca pode ser reduzido, com a substituição das marcas comuns de detergente e sabão em pó por alternativas mais naturais. Livre-se dos produtos de limpeza tóxicos, usando marcas que sejam mais seguras e melhores para a saúde e para o meio ambiente.

❁ *Aumente a energia pessoal, removendo os parasitas do carpete.*

Nos últimos anos, as pessoas têm-se tornado mais conscientes em relação aos ácaros e parasitas domésticos. O esconderijo favorito desses inimigos é o carpete, mas eles também ocupam importantes postos no sofá, na cama e nos travesseiros. Lute contra e sinta-se muito melhor, física e psicologicamente, com um aspirador apropriado. Um ataque ainda mais eficaz pode ser montado com diversos produtos atualmente disponíveis para matar e remover parasitas da residência. Geralmente compreendem uma substância de base natural que é passada no tapete e aspirada algumas horas depois, trazendo os parasitas consigo.

Método VII: Controle Seu Peso

❁ *Equilibre o padrão de alimentação, com um cristal sobre a mesa de jantar.*

Cristais são instrumentos-chave para gerar clareza e equilíbrio. Uma bola de cristal facetada pendurada sobre a mesa de jantar com uma fita vermelha de 9cm de comprimento, ou seu múltiplo, ajuda a trazer equilíbrio ao seu padrão alimentar. Esta cura também colabora para a harmonia familiar.

Ao realizar esta cura, obtenha os melhores efeitos, fazendo o melhor retrato mental de si mesmo, sentindo-se saudável e rapidamente atingindo o peso desejado, com grande força de vontade a impulsionar você.

❁ *Controle o padrão alimentar, com um espelho na porta do refrigerador.*

Um espelho na porta do refrigerador pode ajudá-lo a controlar o peso. Esta cura funciona em dois níveis. No nível consciente, o espelho faz com que você se veja cada vez que for atrás de comida. Uma olhada em sua aparência pode levar você a reduzir a ingestão de alimentos. Energeticamente, o espelho irá "afastá-lo" do excesso de comida, proporcionando-lhe mais controle e equilíbrio nessa área.

Ao colocar esse espelho na porta do refrigerador, visualize tranqüilidade e controle quanto aos seus hábitos alimentares.

❁ *Promova o emagrecimento, vestindo branco.*

O Professor Lin Yun sugere o uso do branco para a perda de peso. O segredo desta cura está na psicologia invertida:

como o branco faz com que a pessoa pareça maior, ela pode ficar compelida a controlar o que come. Visualize que rapidamente você atinge o peso e a forma ideais.

"Yin e Yang"

5

Negócios e Carreira

NESTE CAPÍTULO, há muitas sugestões para usar o Feng Shui na melhora dos negócios e da carreira. Estas sugestões serão úteis tanto para o dono de um negócio grande ou pequeno como para quem trabalha em uma empresa ou fora de casa. Mesmo se a pessoa trabalha em casa, o posicionamento do escritório domiciliar realmente afeta suas oportunidades na carreira e seu sucesso.

O chi de sua empresa precisa estar desperto, animado e com alto astral para criar sucesso. Se você quiser atrair negócios, clientes e vendas, a entrada deve ser atraente. Sem perda de tempo, trabalhe para transformar um chi "morto" e estagnado em um chi vivo e brilhante.

O posicionamento dos indivíduos-chave da empresa é outra importante área a se considerar. A realização de curas no escritório particular e nos Guas da Carreira da casa e do quarto melhoram suas chances de sucesso na carreira pessoal.

O Ba-Gua da Empresa

Embora os princípios do Ba-Gua e sua posição sejam os mesmos para o prédio da empresa e para sua casa (veja a página 41), ao aplicar o Ba-Gua no local de trabalho outras "áreas da vida" são acrescentadas a alguns Guas.

GUA	ÁREAS DA CASA	ÁREAS DO TRABALHO
Canto direito frontal	Pessoas prestativas	Empregados, clientes, fornecedores
Centro frontal	Carreira	O mesmo
Canto esquerdo frontal	Conhecimento, crescimento	Informação, dados
Lateral esquerda	Família	Empregados, clientes
Canto esquerdo posterior	Riqueza	O mesmo
Centro posterior	Fama	Visão, reputação, propaganda
Canto direito posterior	Casamento	Sociedade
Lateral direita	Filhos, criatividade	Empregados, comunicação
Centro	Saúde	O mesmo

Aplicação do Ba-Gua à Planta Baixa da Sua Empresa

Colocando o diagrama do Ba-Gua sobre a planta baixa do local da empresa, é possível identificar as partes do prédio que exigem auxílio e começar a realização das curas imediatamente. (Se sua empresa aluga partes de um prédio [um conjunto de escritórios], o Ba-Gua se aplica apenas à porção alugada, não a todo o prédio.) Coloque o Ba-Gua do mesmo modo que o fez para a planta baixa de sua casa, ou seja, segundo a localização da Boca do Chi (porta principal do edifício). Sempre coloque os Guas das Pessoas Prestativas, da Carreira e do Conhecimento à direita, centro e esquerda, respectivamente, junto à parede frontal do

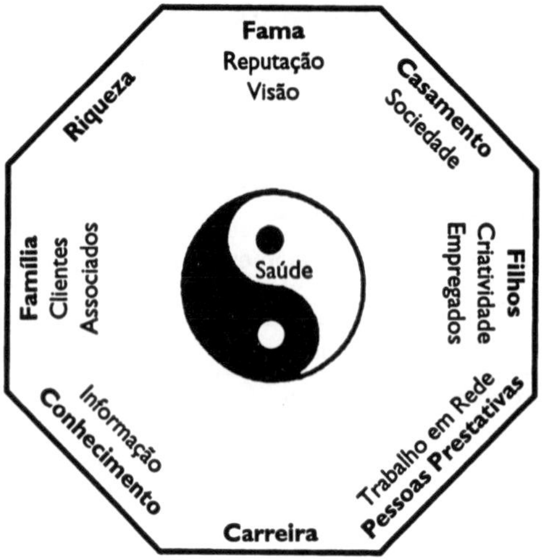

Ba-Gua dos negócios com áreas adicionais da vida

prédio, que é a parede que contém a Boca do Chi. (Ver as páginas 39-40, para mais informações sobre como posicionar o Ba-Gua.)

Aplicação do Ba-Gua ao Seu Escritório Particular

O Ba-Gua também se aplica ao seu escritório particular, seja ele em casa ou na empresa. Segundo a Teoria do Posicionamento Relativo, o Ba-Gua do seu escritório particular tem ainda mais efeito sobre sua vida e destino do que o de todo o prédio. Praticamente todas as curas deste capítulo podem ser aplicadas eficazmente ao Ba-Gua do seu escritório individual (ao mesmo tempo que são usadas para o Ba-Gua do prédio).

Método I: Aumente a Energia do Seu Negócio

Aqui estão nove curas "fáceis e rápidas" que podem ser aplicadas para mudar a energia e os resultados do seu negócio. Os Guas usados podem ser tanto os do Ba-Gua do prédio da empresa ou os do seu escritório. Obtenha o máximo de eficácia, visualizando em detalhe o sucesso que deseja, enquanto executa as curas.

Promova harmonia na família empresarial, com plantas.

Coloque plantas verdes e saudáveis na entrada ou no Gua da Família da empresa, para promover paz e unidade entre todos os membros da organização. Essa aplicação também favorece as vendas.

Estimule e amplie a riqueza, com um mensageiro dos ventos ou espelho.

No Gua da Riqueza da empresa ou do escritório, coloque um mensageiro dos ventos para estimular a energia financeira, ou um espelho que a atraia e a expanda.

Fortaleça a saúde do seu negócio e a dos seus empregados.

Coloque folhagens frescas no centro do prédio, ou pendure uma bola de cristal com uma fita vermelha. Esta cura fortalece todos os setores do negócio simultaneamente e ajuda a impulsionar a saúde.

❁ *Atraia mais ajudantes, com energia sonora ou móvel.*

Pendure um mensageiro dos ventos ou um móbile no Gua das Pessoas Prestativas ou perto da entrada, para estimular mais pessoas a ajudá-lo, a maior parte do tempo, nos negócios.

❁ *Eleve criatividade, comunicação e organização, com uma bola de cristal.*

Pendure uma bola de cristal com uma fita vermelha (9cm de comprimento ou um múltiplo) no Gua dos Filhos, para incrementar a criatividade. Outra cura trata de colocar algo metálico, algo branco ou um móbile no Gua dos Filhos, para manter-se organizado e comunicando-se com fluidez.

❁ *Estimule o conhecimento e a inteligência, com uma luz.*

Coloque uma luz brilhante ou um móbile no Gua do Conhecimento da empresa, para estimular um pensamento mais claro e a coleta de informações.

❁ *Abrilhante a reputação da empresa, com o vermelho.*

Para espalhar a fama de sua empresa, coloque um artigo luminoso e vermelho no Gua da Fama, assim como flores vermelhas ou uma obra de arte.

❁ *Impulsione a carreira e o fluxo de dinheiro, com água corrente.*

Coloque um aquário ou fonte (ou ambos) na entrada da frente ou Gua da Carreira do prédio.

❁ *Fortaleça uma sociedade de negócios interna ou externa, com uma flauta.*

Pendure uma flauta de bambu no Gua do Casamento, para fortalecer, clarear e harmonizar sua sociedade principal no negócio. (Veja a página 88 sobre o modo de pendurar a flauta.)

Método II: Realce o Local-Chave – o Escritório do Chefe

O posicionamento, disposição e Feng Shui geral do escritório do chefe da empresa (dono, presidente ou gerente) são aspectos de extrema importância para o sucesso dos negócios. As decisões, atos e atitudes do patrão afetam a todos que estão ligados à empresa, tanto dentro como fora da firma. Se o Feng Shui desse escritório for poderoso, é provável que ele atue com sabedoria, autoridade e equilíbrio. Em conseqüência, a empresa tem oportunidade de prosperar. Por outro lado, se o Feng Shui do ambiente for fraco, o chefe fica enfraquecido, e a sorte da empresa pode sofrer também.

Aqui estão as curas que asseguram a sorte e o sucesso do cabeça da empresa. Mesmo que você não esteja numa posição de comando, poderá utilizá-las e avançar em sua carreira.

Energize o chefe na Posição de Comando do prédio.

A função do chefe é dirigir a empresa. Há mais responsabilidades recaindo sobre seus ombros do que nos de qualquer outra pessoa. Portanto, é natural que o escritório dele se localize na parte mais auspiciosa do prédio. O Professor Lin Yun a chama de Posição de Comando. O destino da empresa será poderosamente impulsionado, mudando o chefe para essa área.

Se considerações de ordem prática impossibilitarem a colocação do escritório do chefe em uma posição Feng Shui ideal, uma cura substituta é colocar um retrato dele onde seria o local ideal para o escritório, ou usar um espelho para puxar a energia do chefe a pontos mais distantes do prédio. Se um gerente precisar de mais autoridade, ele pode se mudar para a Posição de Comando ou, pelo menos, para uma posição mais poderosa, usando os princípios mencionados no quadro abaixo.

A Posição de Comando

A melhor posição para o escritório é a mais afastada da porta de entrada. Se o chefe sentar-se perto da frente do prédio, poderá facilmente ficar enfraquecido ou sentir-se invadido. Além disso, o escritório deve idealmente ser:

- Localizado no Gua da Riqueza ou no da Sociedade (Casamento).
- No local mais seguro e protegido do prédio.
- No escritório maior e mais prestigiado da empresa.
- Distante de uma porta de banheiro ou de uma porta de fundos.

Como ocorre com todas as curas, para obter os melhores resultados visualize que as decisões apropriadas estão sendo tomadas e que a empresa tem sucesso.

Método III: Realce a Entrada e o Gua da Riqueza da Sua Empresa

A entrada de uma empresa é um local vital para curas Feng Shui, visto que é o ponto por onde a energia deve vir para que a empresa prospere. O Gua da Riqueza, localizado na seção mais à esquerda do prédio, também é um local Feng Shui muito importante para o sucesso de qualquer negócio.

As curas mencionadas neste livro para a Boca do Chi (entrada principal) e para os Guas da Riqueza da casa também funcionam para a empresa (veja as páginas 132-140 e 60-3, respectivamente).

Aumente a prosperidade do seu negócio, com mensageiros dos ventos, plantas e água corrente.

Tanto a entrada quanto os Guas da Riqueza podem se beneficiar com o acréscimo de mensageiros (para estimular e ativar o chi, dinheiro e pessoas), plantas (para criar um chi vivo, atraente e curativo) e água corrente, como fontes, córregos ou quedas-d'água (para estimular a produção e circulação de dinheiro vivo). Estas curas serão potencializadas, se você visualizar o sucesso dos seus planos de negócio em detalhes.

Alegre os humores, colocando flores em três lugares-chave.

Uma grande cura para elevar o moral da equipe e aumentar a sorte do empreendimento é colocar flores frescas no escritório do chefe, na área da recepção e no salão dos funcionários. Não deixe de trocá-las, assim que elas começarem a perder o frescor. Quando realizar esta cura, sugere-se visualizar, com toda a força, a energia renovada, o sucesso e a prosperidade chegando.

Método IV: Coloque Sua Escrivaninha na Melhor Posição

O posicionamento da escrivaninha é uma questão fundamental para o sucesso de sua carreira. A posição ideal deve ser conforme o princípio da Posição de Comando, semelhante à descrita no capítulo 3 para o melhor local da cama. (Veja ilustração na página 79.)

Controle sua carreira e sua vida, sentando-se na Posição de Comando.

Na Posição de Comando, sua escrivaninha pode deixá-lo sentado em ângulo ou de costas para qualquer das paredes. A escolha do canto onde colocar a escrivaninha depende de a posição da entrada do escritório estar no Gua das Pessoas Prestativas, da Carreira ou do Conhecimento, o que significa que você ficará na área da Riqueza ou da Sociedade do escritório. Estas são as partes mais poderosas do escritório e geram sorte e bênção para a carreira e a riqueza. Visualize um grande sucesso ao mudar a escrivaninha de posição, usando os quatro princípios seguintes.

Fortaleça sua posição, sentando-se o mais distante possível da porta.

Quanto mais espaço houver entre você e a porta, melhor Isso impede que você se sinta invadido ou oprimido por tarefas e pessoas. Essa posição lhe dá "mais território", expande a segurança e aumenta a velocidade de reação para lidar com as oportunidades e problemas que surgirem.

Aumente sua atenção, ficando de frente para a porta.

É importante ficar de frente para a porta do escritório, podendo ver a maior parte do cômodo. Essa orientação permite que você saiba quem está chegando e quando, mantendo-o atualizado com o que acontece na empresa. Ela aumenta sua capacidade de concentração e impede que ocorram sobressaltos durante o dia de trabalho. Caso não seja possível ver a porta, uma cura substituta é colocar um espelho de forma que baste levantar a cabeça para que a porta fique à vista.

Posição da Escrivaninha

Após ouvirem esses princípios sobre o posicionamento da escrivaninha, algumas pessoas acham que elas não têm sensações de insegurança; estão sempre atentas ao que ocorre, mesmo que há anos suas costas estejam voltadas para a porta. Outras acham que, mantendo-se de costas para a porta, são interrompidas com menos freqüência e conseguem trabalhar mais, em menos tempo. Este é um engano comum e infeliz, resultante da inconsciência das inseguranças e interrupções que de modo subconsciente estão desgastando a energia e impedindo que a pessoa seja totalmente eficaz. Após virarem suas escrivaninhas para a porta, as pessoas sentem-se mais capacitadas, livres e no comando de suas carreiras.

❁ *Sinta-se mais forte, ficando de costas para uma parede sólida.*

Isso irá protegê-lo e aumentar sua sensação de segurança, força e equilíbrio. Mas não coloque a escrivaninha tão perto da parede, que dificulte sua saída de trás dela.

❁ *Não se "encaixe" na parede.*

Não posicione a escrivaninha tão perto de uma parede, que só seja possível chegar a ela por um lado. Uma escrivaninha desencostada da parede é mais poderosa e independente do que uma encostada na parede. O acesso à escrivaninha pelos dois lados ajuda você a ter mais flexibilidade e criatividade na sua carreira — resultando em mais autonomia e controle.

Método V: Cure a Escrivaninha e a Cadeira de Escritório para Obter Sucesso

❁ *Verifique o tamanho, condições e "antecessor" de sua escrivaninha.*

Caso herde uma escrivaninha, preste bem atenção em quem se sentou nela antes de você e por que essa pessoa a abandonou. Se o ocupante anterior não era apreciado, tiver sido rebaixado, atacado, despedido, ou se saiu devido a uma doença, morte, questões legais, problemas familiares ou qualquer outra razão negativa, sua escrivaninha ainda pode estar retendo o "chi de azar". Esse chi pode afetá-lo e gerar problemas semelhantes.

O melhor a fazer com uma escrivaninha azarenta é substituí-la por uma nova o mais rápido possível. Caso não seja possível, a cura recomendada é colocar uma folhagem

Novo X Velho

Conseguir uma escrivaninha nova, em vez de sentar-se numa usada, é melhor para a carreira em quase todas as circunstâncias. Uma exceção cabe ao caso de se herdar uma escrivaninha que pertenceu a um profissional bem-sucedido, rico, ou que tenha sido promovido, o que pode impulsionar sua carreira. Outra exceção é substituir uma escrivaninha por outra que, apesar de nova, tenha forma esquisita, seja desconfortável, muito pequena, mal-localizada, ou em que falte um painel dianteiro inteiriço. Essas deficiências significam que você estaria substituindo um conjunto de problemas por outro. Novo é melhor.

nova e viçosa perto do local de seu assento para compensar o mau chi. Ao sentar-se na nova escrivaninha ou colocar a planta, visualize sucesso e alegria no novo emprego.

Proteja-se com um painel dianteiro inteiriço.

Um importante princípio a seguir é que a escrivaninha tenha um painel dianteiro que se estenda até o chão, o que promove proteção sólida, melhor reputação e uma "boa linha de frente", atrás da qual se possa produzir um trabalho superior. A falta desse painel gera vulnerabilidade na carreira, especialmente no modo como os outros vêem você. Ao realizar esta cura, visualize que você está protegido em todos os níveis e que sua reputação está sempre em ascendência.

Expanda a visão, com uma escrivaninha grande.

Expanda sua visão, idéias e carreira de modo poderoso, sentando-se numa escrivaninha que seja espaçosa, simbolicamente expandindo o espaço para suas idéias e projetos. Entretanto, recomenda-se um senso de proporção para esta cura. A escrivaninha não pode ser tão grande, que engula todo o cômodo, deixando pouco espaço para a movimentação dentro do escritório. Visualize o crescimento de sua carreira e a sorte se expandindo.

❁ *Impulsione sua carreira, com um cristal sobre o local de seu assento.*

Pendure uma bola de cristal (com uma fita vermelha de nove centímetros de comprimento ou um múltiplo) sobre sua cabeça, na posição em que costuma ficar diante da escrivaninha, para criar benefícios generalizados na carreira ou para proteger-se de ataques. Esta importante e poderosa cura básica pode auxiliá-lo de muitas formas: pensamento mais claro, melhores decisões e uma perspectiva futura mais favorável. Outro modo de realizar esta cura é pendurando o cristal sobre o centro da escrivaninha. A luminosidade do cristal e suas facetas múltiplas criam expansão em sua carreira e projetos. Se tiver espírito aventureiro, pode pendurar cristais no dois lugares. Visualize estar experimentando os benefícios acima, quando fizer isso.

❁ *Eleve a harmonia interpessoal, com uma bola de cristal sobre sua escrivaninha.*

Colocar uma bola de cristal sobre a escrivaninha pode promover harmonia entre você e seus colegas, especialmente se houver tensões ou se você estiver sob muita pressão no trabalho. Onde colocar a bola de cristal sobre a escrivaninha? Entre você e a porta do escritório, entre você e o trânsito próximo, ou entre você e a escrivaninha de uma pessoa com quem precise se dar melhor. Ao executar esta cura, visualize relacionamentos harmoniosos com todos na empresa.

Duas Curas para a Harmonia dos Funcionários

1. Coloque três folhagens na entrada principal e na entrada por onde os funcionários chegam à empresa.

2. Coloque um grande espelho octogonal no Gua dos Filhos ou no das Pessoas Prestativas do prédio da empresa.

Ao fazer isso, visualize uma atividade harmoniosa entre as pessoas.

Estimule a criatividade em sua escrivaninha, com um sino de bronze.

Um modo fácil de estimular seus poderes criativos e impulsionar sua habilidade de comunicação é colocar um sino de bronze na lateral direita da escrivaninha (Gua dos Filhos). Toque-o quando precisar de um impulso criativo e visualize receber a solução de que necessita.

Sente-se no assento do poder, com uma cadeira "afortunada".

Outro importante elemento para o sucesso de sua carreira é a cadeira onde você se senta ao trabalhar, algo que está ainda mais próximo de você do que a escrivaninha.

Como sempre no Feng Shui, "fresco é melhor"; logo, uma cadeira novinha em folha é preferível. Uma alternativa é herdar uma que tenha sido de um antecessor bem-sucedido. Se você gostar do emprego que tem e não quiser perdê-lo, não use uma cadeira que previamente pertenceu a alguém que fracassou ou foi despedido. Se a empresa não comprar uma nova, vale a pena gastar do seu próprio bolso e conseguir uma.

Sentar-se numa cadeira de encosto sólido, sem vão entre o encosto e o assento, significa que você terá maior apoio, muito auxílio e proteção no trabalho. Uma cadeira com uma abertura no encosto deixa-o sem apoio e aberto para "flechas energéticas" secretas de pessoas que invejam seu sucesso. Devem-se evitar cadeiras pequenas ou frágeis; a energia pode fazer com que o ocupante "fique pequeno" em sua carreira. Não é por acidente que cadeiras sólidas, altas e poderosas sejam chamadas de cadeiras "executivas", enquanto que as menores e mais vulneráveis chamam-se "secretárias".

Ao realizar qualquer destas curas Feng Shui básicas, visualize o aumento, avanço e prosperidade de seu sucesso para obter melhores resultados.

Encostos de Cadeiras

A altura do encosto de sua cadeira também se relaciona com o sucesso. Recomenda-se que o encosto da cadeira vá, pelo menos, até a altura dos ombros, para fortalecimento e proteção. Essa influência será ainda mais forte, se o encosto for tão alto a ponto de nivelar-se com o alto de sua cabeça.

Método VI: Adapte os Guas da Carreira da Sua Casa

O Gua da Carreira da sua casa ou do seu quarto é a seção central da frente do Ba-Gua na planta baixa. As curas realizadas neste Gua ajudarão você a impulsionar sua carreira e o sucesso dos seus negócios.

❁ *Expanda a carreira, com água corrente.*

A água é o elemento associado ao Gua da Carreira; portanto, a colocação de água em movimento nessa parte da casa é uma cura recomendada. A água corrente aumenta seus contatos e interação social, ajuda o movimento de sua carreira e traz fluxo de dinheiro para sua vida. Coloque uma fonte no Gua da Carreira de sua casa, especialmente perto da porta da frente (sem bloqueá-la), e observe as coisas movimentando-se mais rapidamente em sua vida.

Ao colocar a fonte no local, visualize em detalhe sua carreira crescendo e expandindo, com muita gente a ajudá-lo.

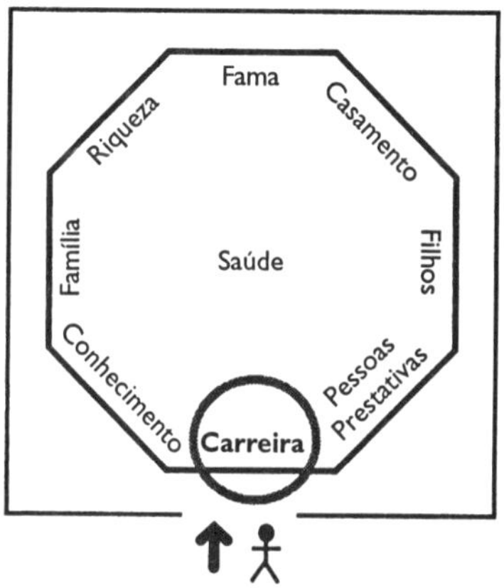

O Gua da Carreira

❁ *Desperte a energia da carreira, com um mensageiro dos ventos.*

Caso deseje movimento, ativação e despertar em sua carreira, um mensageiro dos ventos neste local colocará muita energia renovada em movimento, ativará seu chi pessoal e trará à tona sua mensagem. Escolha um mensageiro de metal que tenha um som forte, claro e agradável. Este mensageiro pode ser colocado no Gua da Carreira de sua casa ou de seu quarto, ou então em ambos os lugares.

Os mensageiros deveriam ser pendurados com uma fita vermelha, cortada em um múltiplo de 9cm de comprimento.

Ao fazer isso, visualize uma série de coisas novas e positivas acontecendo à sua carreira.

Crie uma carreira próspera, com geradores vivos de chi.

Uma das melhores maneiras de renovar sua carreira é com plantas saudáveis e frescas, mas plantas de seda com aparência real também funcionam. Colocar um número ímpar de plantas na seção da carreira de sua casa ou de seu quarto criará energia nutritiva e próspera nesta área da vida.

Outra opção para acrescentar energia viva é com alimentadores de pássaros, que podem ser colocados do lado de fora, perto da área da carreira de sua casa. Com esta cura, é benéfico visualizar os resultados que você deseja, ao colocar as plantas e/ou os alimentadores no lugar.

Método VII: Outras Curas para Negócios e Carreira

Expanda seu pensamento, com um conjunto de espelhos.

Um par de espelhos bem-localizados ajudará a expandir seu pensamento lateral e criatividade. Aqui estão três bons locais para instalar um par de espelhos que proporcionam expansão mental:

- Nas paredes de ambos os lados da escrivaninha.
- Em ambos os lados da entrada (interna) da casa, de modo que você passe entre eles ao entrar. Isto é especialmente positivo, se a entrada for estreita.

- **Em ambos os lados da entrada principal do prédio da empresa ou de seu escritório pessoal.**

Ao instalar esses espelhos, o efeito será maior se você visualizar seu próprio pensamento sendo expandido e estimulado. Cada vez que passar por eles, visualize novamente que você está continuamente abrindo novas avenidas de criatividade e pensamento lateral. Idéias excelentes, que promovem prosperidade, derramam-se sobre sua cabeça agora.

Realce sua imagem, com uma flor vermelha.

Um modo rápido e fácil de realçar o bom nome e a imagem de sua empresa é colocar flores no centro da parede oposta à sua escrivaninha. Visualize a fama se espalhando e clientes chegando.

Aumente a concentração, com um mensageiro dos ventos.

Para despertar mais concentração e poderes criativos, pendure um mensageiro dos ventos sobre o centro de sua escrivaninha. Visualize alta produtividade e ações corretas.

Aumente a criatividade, com um móbile.

Para aumentar o fluxo de novas idéias, coloque um móbile de movimento suave sobre sua cabeça no local do assento diante da escrivaninha. Visualize soluções criativas circulando continuamente em seu cérebro.

❁ *Elimine problemas em sistemas telefônicos e de computação.*

Pendure uma grande bola de cristal facetada no centro da sala do computador ou acima de um terminal problemático. A seção problemática da rede se beneficiará com um mensageiro dos ventos pendurado sobre ela para dispersar o chi negativo. Visualize um fluxo tranqüilo e próspero de dados e comunicação.

❁ *Espalhe sua fama, com som.*

Pendure um mensageiro dos ventos no centro da sala de reuniões para fazer com que mais pessoas saibam de sua empresa e de seus produtos ou serviços. Visualize uma grande onda de publicidade positiva sobre sua empresa atingindo o mercado.

❁ *Mantenha a tropa em movimento, colocando os soldados na linha de frente.*

Para manter seus funcionários de vendas trabalhando e ativos, coloque-os em escritórios ou escrivaninhas localizados perto da porta da frente, em vez de colocá-los nos fundos do prédio. Visualize que eles estão conectados com tudo que acontece em relação a clientes e perspectivas.

❁ *Realce a sorte e tomada de decisões, colocando a cadeira do diretor em posição auspiciosa.*

A cadeira do diretor ou presidente da empresa deve ficar na posição mais poderosa da sala de reuniões, que é a mais distante da porta e na cabeceira da mesa. Visualize todo o sucesso que desejar.

❁ *Traga mais dinheiro, fortalecendo a caixa registradora.*

Realçar a caixa registradora ajuda a aumentar e proteger a riqueza dos negócios a varejo. Um espelho ao lado ou atrás da caixa registradora simboliza o dobro de vendas. Uma planta por perto traz energia viva para o fluxo de dinheiro. Ao utilizar estas curas, visualize maior renda.

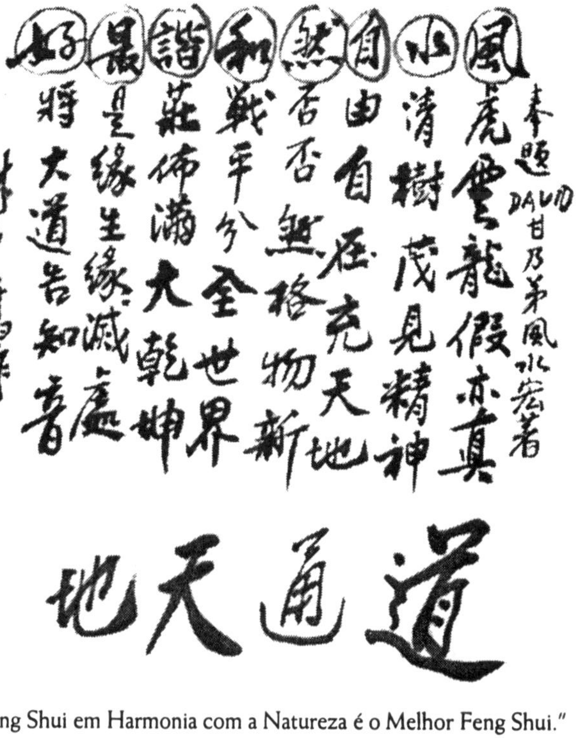

"O Feng Shui em Harmonia com a Natureza é o Melhor Feng Shui."

6

Oportunidades

UMA OPORTUNIDADE PODE SER DEFINIDA como uma nova e bem-vinda possibilidade à sua vida. O Feng Shui de sua casa e de seu escritório desempenha um importante papel na determinação das oportunidades que o alcançam. Às vezes, aquilo que merecemos está "bloqueado" devido ao infeliz Feng Shui de nossos ambientes.

Este capítulo focaliza a importância da Boca do Chi ou entrada principal. Esta parte da casa é importante não apenas para as oportunidades, mas também para a riqueza, saúde e bem-estar geral.

Método I: Expanda e Desimpeça o Caminho que Leva a Você

A porta da frente de sua casa, conhecida no Feng Shui como a Boca do Chi, é o ponto simbólico para que novas oportunidades venham à sua vida. Todos os aspectos da sua entrada, inclusive a porta, seu vão e o caminho até ela, são locais importantes para curar e maximizar seu Feng Shui das oportunidades.

Cada residência tem uma única Boca do Chi, que é a porta da frente, mesmo que outra porta seja usada com mais freqüência. É por ali que a energia penetra na sua casa.

É difícil exagerar a grande importância da Boca do Chi em sua vida. A porta é uma metáfora poderosa da vida, definindo o limite entre os reinos exterior e interior da existência. O Feng Shui ideal para a porta da frente e entrada é luminoso, claro e bem-equilibrado. Os princípios básicos de uma boa porta de entrada Feng Shui são:

- O caminho que leva à porta é desimpedido.
- A condição e a aparência da porta são boas.
- Tudo funciona bem e suavemente.

As curas em seguida para a entrada da frente o ajudarão a trazer todas as boas oportunidades, pessoas e coisas que você merece na vida.

Aumente as oportunidades, assegurando que seu endereço e porta sejam fáceis de encontrar.

Os números do seu endereço devem ser lidos, com facilidade, da rua. Isto ajuda o dinheiro e as oportunidades a saber onde encontrá-lo. Caso sua casa seja muito afastada da rua, certifique-se de que o endereço apareça claramente na caixa de correspondência, ou então coloque uma placa na entrada para sua casa com o nome de sua família e o endereço. Alguns caçadores de oportunidades chegam a colocar números luminosos na casa ou no caminho de entrada. Ao realizar estas curas, visualize que sua presença é conhecida e que as oportunidades chegam facilmente até você.

Abra sua vida, libertando sua porta.

Se a porta prende, arranha o chão ou puxa o tapete, haverá obstáculos ocultos e pontos presos em sua vida. A cura é raspar um pouco a base da porta, para permitir o livre movimento. Visualize sua abertura para a vida.

"Portas da Frente Escondidas"

Se sua porta não puder ser vista com facilidade, da rua, oportunidades e renda terão dificuldade de chegar a você. Esta situação é chamada "Porta da Frente Escondida" e pode afetar negativamente a riqueza, as pessoas prestativas, a saúde e outras áreas da vida. (O problema pode ser até pior, se a casa não ficar de frente, para a rua.) A cura está em "guiar o chi" para sua porta da frente, colocando luzes ou objetos móveis (bandeiras, birutas) ao longo do caminho até a porta para trazer energia à entrada. Visualize, ao realizar essas mudanças, que você pode ser facilmente encontrado e que tem acesso a muitas oportunidades positivas.

Aumente o fluxo, com uma porta bem aberta.

Portas que abrem menos de 90° simbolizam que estão menos de 100% abertas à riqueza, energia e oportunidades. A situação dessas portas gera impedimentos sutis na sua vida, que impedem o fluxo de coisas boas. A cura aqui é fazer o que for necessário para que a porta abra em 90° ou mais. Visualize oportunidades e renda fluindo.

Previna os obstáculos ocultos e discussões, desimpedindo a área em volta das portas.

É importante também que os espaços de fora e de dentro da sua porta estejam livres de obstrução. Casacos, livros, sapatos, bicicletas, por exemplo, deveriam ser retirados de trás ou de perto da porta. Esses tipos de obstrução criam empecilhos, frustrações e obstáculos ocultos para a realização dos objetivos. Certifique-se de que nenhum jornal, caixa, planta ou outros objetos bloqueiem o caminho do lado de fora da porta, de modo que tudo fique desimpedido. A sensação de energia e clareza será refrescante e revigorante em vários níveis. Visualize que os bloqueios e empecilhos são removidos de sua vida.

Escute o chamado das oportunidades, com campainhas em funcionamento.

Se você tiver uma campainha, ela deve funcionar e ser ouvida claramente por toda a casa. Se não estiver funcionando, simboliza perda de oportunidades e fechamento para o mundo. Se a campainha tiver um som irritante ou falho, estimula frustrações inconscientes. Recomenda-se consertar essas situações, imediatamente, para seu benefício. Talvez você até prefira substituir o som da campainha por um mais melodioso. Visualize que, cada vez que ela toca, você está recebendo novas dádivas e oportunidades de negócios.

Ao realizar qualquer destas curas para a porta, melhores resultados serão obtidos com a clara visualização de que as oportunidades estão vindo facilmente e gerando lucros.

Dicas para Portas

Além de ajudá-lo com oportunidades, todas as dicas referentes às portas são importantes para o resto da sua vida também. A não-adesão aos bons princípios Feng Shui para a porta pode acarretar bloqueios nas áreas da renda, saúde, auto-imagem e na sua habilidade de falar livremente. O potencial de oportunidades de sua casa será definitivamente realçado com a melhora das condições da porta.

Método II: Acrescente Geradores para Atrair Mais Oportunidades de Renda

Quando os caminhos e portas que levam à sua casa estão abertos, livres e em boas condições, energia e prosperidade conseguem fluir livremente, impulsionando sua vida de diversas maneiras. Com o caminho livre, torna-se possível trazer ainda mais energia acrescentando "geradores" à Boca do Chi, o que aumentará o nível de chi fluindo em sua

Lista das Condições da Porta

CONDIÇÃO DA PORTA	RESULTADO
Arranha o chão	Frustração, energia bloqueada
Difícil de abrir	Frustração, energia bloqueada, problemas na carreira
Difícil de fechar	Dificuldade para ser pago e para completar as tarefas
Dobradiças que rangem	Problemas, temores e preocupações
Mal adaptada ao marco	Vida desequilibrada e "desligada"
Janela ou tela quebradas	Energia vital decadente
Solta, frouxa	Instabilidade existencial
Maçaneta solta	Dificuldade de controlar a vida
Abre ou fecha sozinha	Vida instável
Pintura rachada ou descascada	Chi decadente, depressivo

Outras importantes curas para a porta são fornecidas no capítulo 7, páginas 147-9.

direção. O propósito destas curas é atrair e direcionar um chi positivo para sua vida, o que acaba resultando em mais oportunidades. O lado de fora da porta da frente e a área entre a rua e esta são pontos-chave para a colocação de geradores de energia que formam o chi das oportunidades.

Atraia oportunidades para o seu caminho, pendurando um mensageiro dos ventos do lado de fora da sua porta.

Oportunidades e boa sorte serão impulsionadas com a colocação de um "ativador" de energia. Um mensageiro dos ventos do lado de fora da porta principal da sua casa (ou escritório) é uma cura existencial básica e poderosa, que pode aumentar as oportunidades, impulsionar a sorte e a carreira, proteger sua casa e acrescentar alegria à sua vida. Ao pendurar o mensageiro, visualize os benefícios acima com toda a sua força.

Mensageiros dos Ventos

Recomenda-se o uso de mensageiros dos ventos feitos de metal (bronze é o melhor) em vez de madeira, cerâmica, vidro ou pedra. É fundamental que seu som seja agradável, especialmente ao seu ouvido. Ele deve estar em boas condições, não enferrujado ou quebrado. Não é preciso que toque com freqüência para que seja uma cura eficaz. O Professor Lin Yun é firme ao sugerir que sejam pendurados com uma fita ou cordão vermelhos cortados num comprimento de 9cm ou um múltiplo de nove. Os mensageiros dos ventos também representam uma poderosa cura quando usados dentro de casa.

❁ *Atraia mais oportunidades, com um novo caminho.*

Considera-se mais auspicioso que o caminho que leva à sua casa se estenda até a rua. É melhor do que um que leve apenas à entrada de carros. Caso seu caminho não vá até a rua, construir um aumentará suas oportunidades. Se já houver, a criação de um segundo simbolicamente traz mais chi para a porta da frente, atraindo bons agouros para a vida em geral. Quando tiver feito o novo caminho, visualize benefícios e renda provenientes de muitas fontes.

❁ *Atraia mais clientes, semeando o caminho até a porta.*

Uma bela cura simbólica para atrair clientes ao seu negócio e pessoas prestativas à sua casa é espalhar alpiste ao longo do caminho entre a rua e a porta da frente. A chave desta cura é visualizar que o alpiste está atraindo clientes e pessoas prestativas em números crescentes.

Método III: Vede o Ambiente contra "Vazamentos de Energia"

Após desimpedir seus bloqueios de energia e gerar mais oportunidades, é importante liberar o ambiente de vazamentos desgastantes de energia. Seguem-se os principais.

Banheiro junto à porta da frente. Pode levar à perda de energia financeira antes que ela possa alimentá-lo e à casa. A cura é colocar um espelho inteiro na frente da porta do banheiro e mantê-la fechada. Visualize a retenção de dinheiro e energia.

Banheiro no canto da riqueza. A riqueza pode escapar pelo ralo. Use a mesma cura sugerida anteriormente.

Banheiro no centro da casa. Esta situação pode causar um efeito desgastante em toda a sua vida, sendo muito importante curá-la. Solução recomendada: espelhar as quatro paredes internas do banheiro. Visualize a saúde e toda a sua existência sendo fortalecida.

A porta da frente leva diretamente para a porta dos fundos ou para uma grande janela. A energia pode correr direto através da casa e sair pelos fundos sem antes nutri-la. Coloque um cristal ou mensageiro dos ventos no meio do caminho entre as portas para que o chi benéfico se espalhe pela casa. Visualize a retenção de energia, dinheiro e oportunidades.

Retenha a renda, adaptando a escada em frente à Boca do Chi.

Se a casa tiver uma escada confrontando diretamente a porta principal, a situação financeira pode sofrer em conseqüência disso. A metáfora aqui é que a energia financeira pode entrar em sua casa e rolar logo para fora, deixando-o menos que rico. O ideal é que a distância entre a porta e o início da escada seja de pelo menos o dobro da altura do chefe da casa. Se a distância for menor, a cura recomendada é pendurar um mensageiro dos ventos de bronze ou uma bola de cristal facetada no meio do caminho entre a porta e a escada. Não deixe de usar uma fita vermelha de 9cm ou um múltiplo. Visualize que a riqueza está aumentando e sendo retida.

❁ *Colha oportunidades, vedando os cantos de poder.*

Se existirem vazamentos nos Guas do Casamento ou da Riqueza, oportunidades que a muito custo apareceram podem escapar, antes mesmo de dar frutos. Um mensageiro dos ventos ou cristal diante de uma saída ou janela nestes locais têm o papel de reter essa importante energia. Ao colocar esta cura, não deixe de visualizar a próspera realização de seus sonhos e projetos.

"Feng Shui"

7
Família e Filhos

SEGUNDO O FENG SHUI, todos os Guas do Ba-Gua (veja a página 43) de sua casa surtem um efeito na área da família de sua vida. Na verdade, uma das melhores maneiras de aperfeiçoar a harmonia e estabilidade da família é fazendo o máximo de Feng Shui que for possível. Três Guas específicos que estão fortemente ligados ao destino da família são Família, Filhos e Casamento. Como as curas para o Casamento estão no capítulo 3, este capítulo enfocará as áreas e Guas da Família e dos Filhos.

A influência do Gua da Família (lateral esquerda da casa, do quarto ou do pátio) refere-se principalmente à sua família imediata. Outros aspectos importantes deste Gua estendem-se aos parentes, idosos, ancestrais e comunidade.

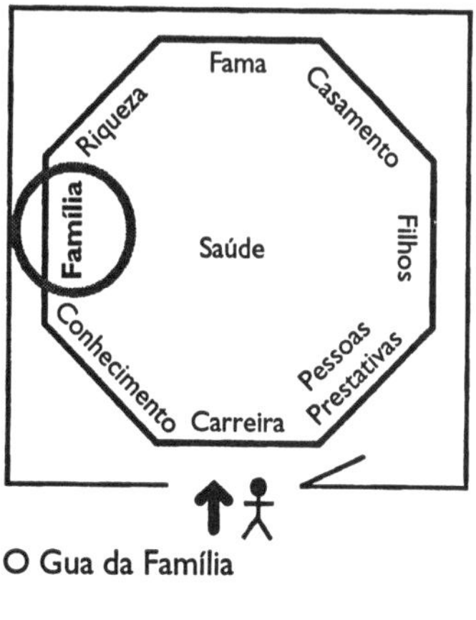

O Gua da Família

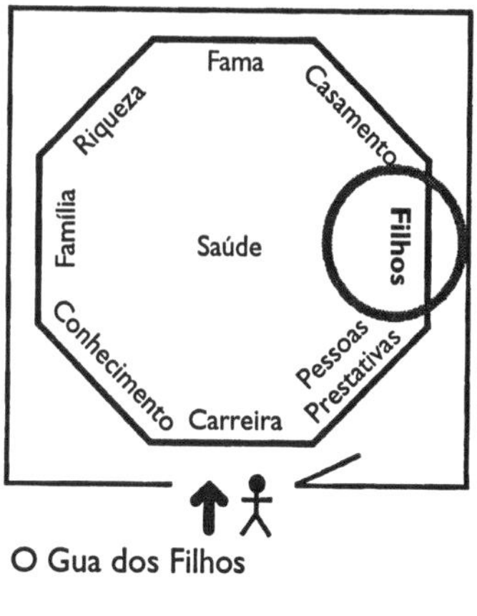

O Gua dos Filhos

O Gua dos Filhos está ligado à energia criativa de todos os tipos. Relaciona-se principalmente aos seus filhos físicos, mas também tem impacto sobre projetos criativos e comunicação.

Método I: Realce o Gua da Família da Casa

Acalme a energia caótica, colocando um móbile de movimento suave.

Se a energia da família estiver intranqüila ou caótica, é possível acalmar e equilibrar a situação colocando um móbile de movimento suave no Gua da Família da casa. Ao pendurá-lo com uma fita vermelha (num comprimento de 9cm ou seu múltiplo), visualize o chi suavemente fluindo do móbile acalmando a vida doméstica e orientando a família para uma estrutura pacífica.

Anime e fortaleça sua família, com energia sonora.

O chi de cada pessoa pode ser animado e ativado com a colocação de um mensageiro dos ventos no Gua da Família da casa. Use uma fita vermelha que tenha um múltiplo de 9cm de comprimento; o mensageiro deve ser de metal e ter um som claro e agradável. Visualize a família mais forte e unida, ao pendurá-lo.

Crie saúde e paz, usando energia "verde".

As qualidades que caracterizam famílias saudáveis são harmonia, paz e crescimento. Essas qualidades serão realçadas, se você puser algo com a cor verde no Gua da

Família da casa ou do quarto principal. Uma boa escolha são folhagens novas e saudáveis, mas qualquer coisa que tenha a cor verde ajuda. Com esta cura, visualize todos crescendo juntos de modo saudável e fortalecido.

Método II: Energize o Chi dos Filhos

Ao usar o Feng Shui para energizar e ajudar seus filhos, os primeiros lugares onde realizar as curas são o Gua dos Filhos no quarto de cada um deles e no da casa. Para fortalecer as habilidades paternas e maternas e a conexão com os filhos, o Gua dos Filhos do seu quarto é uma ótima localização.

Melhore a situação geral dos filhos, colocando suas camas "auspiciosamente".

Uma das curas mais recomendadas para fortalecer a energia de um filho é colocar a cama no Gua dos Filhos do quarto dele. Esta cura o posiciona no principal local para seu desenvolvimento e maturação. Entretanto, não deixe a cama em linha direta com a porta de entrada, ou ele poderá se sentir ameaçado e inseguro.

Quando posicionar a cama, não deixe de visualizar o fortalecimento de seu filho.

Ilumine a vida da criança com uma luz bem-colocada.

Outro meio importante para favorecer o crescimento de seu filho é colocando uma luz bem clara no Gua dos Filhos do quarto dele. Esta cura também o ajudará a comunicar-se melhor e ser mais criativo. A luz não precisa estar sempre acesa, mas deve estar em boas condições de funcionamento Esta cura tem valor especial se a cama não puder ser colocada no Gua dos Filhos (veja acima). Ao realizá-la, visualize a criança crescendo e se desenvolvendo brilhantemente.

Desperte o chi de um filho, com som.

O poder do som é outra ferramenta que funciona bem com os filhos. Um sino comum ou um mensageiro dos ventos conseguem despertar a energia, realçar a criatividade, protegendo os filhos e trazendo harmonia para sua vida. Use um mensageiro dos ventos de metal com um som agradável ao ouvido dele. Outras opções viáveis são um telefone, rádio ou aparelho de som. Esta cura também ajuda a estimular o cérebro para um raciocínio mais claro e promove a inteligência, mais estudo e melhores resultados nos exames escolares.

Um ótimo local para pendurar um mensageiro dos ventos (com uma fita vermelha) ou para colocar outras curas sonoras é no Gua do Conhecimento do quarto dele, ou, para uma ativação ainda mais direta de energia, sobre a cabeceira da cama (se for prático). Visualize seu filho alerta, desperto e fortalecido de todos os modos quando colocar esse gerador sonoro.

Melhore a saúde de um filho, com plantas.

Altamente recomendadas, plantas verdes ajudam seu filho a ficar mais saudável ou a recuperar-se de uma doença. Coloque no quarto um número ímpar (3, 5 e 9 são bons) de plantas saudáveis, recém-adquiridas, com a intenção de que a criança fique curada e forte. Para uma cura ainda mais eficaz, coloque plantas no Gua dos Filhos da casa, do quarto principal e do pátio. Esta variação fica realçada se as plantas colocadas no Gua dos Filhos tiverem flores brancas, pois esta é a cor deste Gua.

Visualize seu filho com saúde ilimitada e jorrando vitalidade para obter o máximo de resultados.

Mantenha a ligação com os filhos, usando um sino de bronze.

Para manter-se em contato com um filho ausente, pendure um sino de bronze com uma fita vermelha no Gua dos Filhos da casa ou do quarto principal. Ao realizar esta cura, visualize que você consegue comunicar-se com seu filho e vê-lo sempre que precisar.

Método III: Melhore as Salas "Familiares"

É possível melhorar o chi e a alegria da sua família, prestando atenção aos cômodos onde ela se reúne durante mais tempo, tais como a sala de estar, a de jantar e o escritório. Qualquer esforço para tornar esses cômodos mais agradáveis e confortáveis favorecerá a harmonia familiar.

Incentive a alegria familiar, com cor, luz e beleza.

O chi da família pode ser realçado com a iluminação e embelezamento dos cômodos onde ela se reúne. As cores das paredes podem ser alteradas para gerar paz e cura. Verde e azul são ótimas cores para esses cômodos. Outras curas com cor para melhorar o chi incluem o uso do Sistema de Cinco, Seis ou Sete Cores em um desses cômodos. (Veja as páginas 103-105 para modos específicos de usar esses sistemas de cor.)

O acréscimo de bolas de cristal ajudará a abrilhantar os espíritos e melhorar a saúde dos membros da sua família. Visualize harmonia, saúde e unidade familiar ao realizar estas curas.

Energia Curativa

É fácil acrescentar beleza natural e energia curativa, trazendo plantas frescas (um número ímpar é bom) ou colocando um aquário colorido na sala de estar.

Eleve o astral da família, melhorando o chi geral dos cômodos familiares.

Se a sala de estar ou o escritório forem locais de depósito para caixas ou pilhas de pertences estagnados, o chi da família pode sofrer. Mobília velha, pesada e escura também pode acrescentar energia depressiva e pesada à sua casa. A retirada desses itens ajuda a elevar a energia e "abre espaço" energético para as pessoas. Veja se consegue manter vazios os espaços previamente ocupados ou substitua o que foi removido por algo brilhante, fresco e alegre. Ao fazer isso, visualize que a antiga energia de bloqueio está indo embora e que uma nova e fresca está revigorando sua família.

Eleve os ânimos, ajustando a "primeira coisa vista" ao entrar.

Um fator importante para o Feng Shui geral da casa é a "primeira impressão" ou primeira coisa que se vê ao entrar na casa. Este princípio aplica-se à entrada principal ou a qualquer porta lateral ou de garagem que é utilizada com freqüência.

Uma imagem positiva na entrada trará paz e segurança à família. Recomendam-se plantas, obras de arte ou belos objetos. Quando realizar esta cura, visualize que o chi de todos os membros da casa está sendo estimulado e favorecido.

Método IV: Equilibre e Favoreça Janelas e Portas

Crie harmonia entre pais e filhos, com uma relação equilibrada entre janela e porta.

No saber Feng Shui, as portas representam vozes, especialmente as de adultos, enquanto que as janelas simbolizam as infantis. Se as vozes das crianças estão governando a casa, compare o número de portas e janelas que você tem. Se o número de janelas superar o de portas em mais de três para uma, aí está a causa Feng Shui para o problema. O modo de equilibrar a situação de um excesso de janelas e criar paz familiar é pendurar uma bola de cristal ou um pequeno sino de bronze em frente a cada janela. Esta cura ajuda a "conter" o chi excessivo das janelas. Um método alternativo é pendurar uma borla de seda vermelha em cada maçaneta de porta para fortalecer o chi das portas, elevando sua energia para que faça frente à das janelas. Visualize cooperação familiar, comunicação harmoniosa e paz reinando no ambiente doméstico.

Elimine discórdia e confusão, equilibrando portas desalinhadas.

Outra condição que gera desarmonia e chi desequilibrado é quando duas ou mais portas num vestíbulo estão desalinhadas. Uma boa cura para este problema é pendurar uma bola de cristal facetada entre as duas portas. Não esqueça de pendurá-la com uma fita vermelha que esteja cortada em um múltiplo de 9cm de comprimento. Visualize que esta cura cria harmonia e colaboração entre os ocupantes dos cômodos e na família.

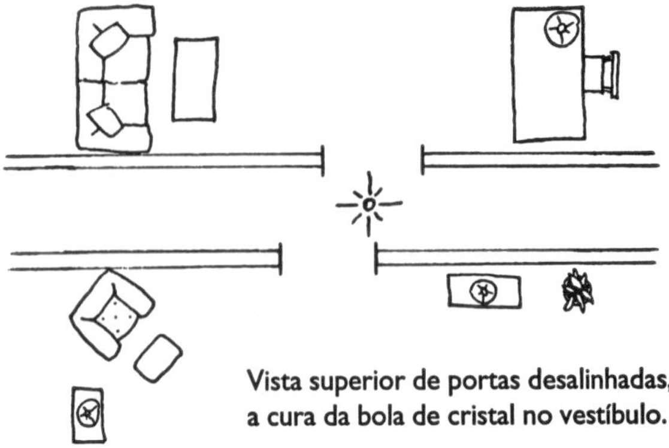

Vista superior de portas desalinhadas, com a cura da bola de cristal no vestíbulo.

❁ Incentive a família, harmonizando "portas em colisão".

Como as portas representam vozes, se uma porta em sua casa colide com outra, o resultado serão discussões e discórdia familiar. Observe essa condição em vestíbulos onde se localizam portas de banheiros e nos Guas da Família e dos Filhos. Para harmonizar portas em colisão, pendure uma borla de seda vermelha na maçaneta de cada porta. Use esta cura, se houver uma sensação de excesso de portas em sua casa. Visualize paz e colaboração na família, ao realizar esta cura.

❁ Ajude a expressão das vozes, consertando as portas.

Os ocupantes de casas com problemas de portas podem sofrer problemas físicos e emocionais de fala. Para curar as vozes e habilitá-las a falar a verdade, conserte todas as deficiências das portas da sua casa (veja outras curas para portas nas páginas 170-1). Estas curas são particularmente vitais para a Boca do Chi (porta principal) e para a porta do quarto principal, mas são importantes para todas as portas da casa. Suas curas para as portas também realçarão sua energia pessoal e suas oportunidades. Ao executar estas importantes curas, visualize-se falando a verdade com facilidade e com compaixão.

Energize os filhos, consertando problemas nas janelas.

As mesmas curas mencionadas acima se aplicam às janelas. Elas se relacionam com a voz, auto-expressão, saúde e bem-estar das crianças. Janelas que rangem, prendem, estejam sujas, quebradas, difíceis de movimentar ou que tenham problemas similares deveriam ser consertadas, o mais rapidamente possível, para o bem-estar dos seus filhos e condição geral do chi doméstico. Parte desta cura é visualizar que seus filhos estão livres para crescer e expandir suas verdadeiras naturezas.

8

Reputação e Fama

ESTAS CURAS O AJUDARÃO a elevar sua reputação, fama, o modo como a comunidade o encara e sua visão do futuro. Reputação significa o que as pessoas dizem de você e quantas falam a seu respeito. Caso tornar-se famoso seja de fato importante para você, as curas deste capítulo também ajudarão.

A parte do Ba-Gua da casa que se relaciona à reputação e à fama chama-se Gua da Fama. Se você precisar melhorar ou aumentar "o que corre pelas ruas" a seu respeito, este é o Gua que deve ser trabalhado. As qualidades de chi a buscar no Gua da Fama incluem movimento, abertura, luminosidade e elevação.

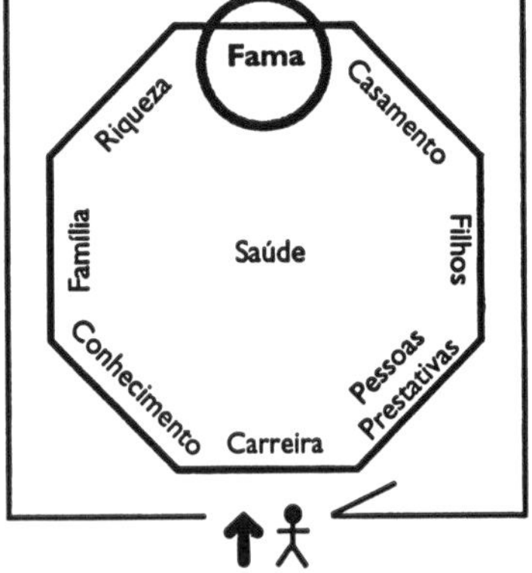

O Gua da Fama

Método I: Abrilhante e Fortaleça Seu Gua da Fama

O elemento Fogo está associado com o Gua da Fama; portanto, trazer luz, calor ou brilho para este Gua é um método-chave para aumentar o chi da reputação em seu ambiente.

Abrilhante sua reputação, com uma luz clara.

Uma luz bem clara é um bom símbolo de energia ígnea; portanto, o acréscimo de luminosidade nesta parte da casa contribuirá para abrilhantar seu nome. Se já houver uma luz neste Gua, você poderá colocar a lâmpada mais clara que houver ou substituí-la por uma iluminação mais forte. Outro modo de realizar esta cura é colocando fogo de fato, como o de uma lareira ou vela. Ao executar esta cura, veja através do olho mental sua reputação se espalhando de modo brilhante pela comunidade.

Crie fama rapidamente com energia explosiva.

Aumentar reputação e fama é a desculpa perfeita para sacar seu cordão de bombinhas simbólicas chinesas e pendurá-lo com uma fita vermelha. Essas bombinhas podem ser encontradas em mercados ou lojas chinesas de presentes das grandes cidades. (As bombinhas simbólicas não são explosivas ou perigosas.) Aperfeiçoe esta cura, usando nove (ou um múltiplo de nove) bombinhas. Ao pendurá-las, veja mentalmente as coisas "explodindo positivamente" para você.

❁ *Aumente sua reputação, com um espelho.*

Colocar um grande espelho no Gua da Fama é uma boa técnica para atrair mais chi para a área da fama de sua vida e aumentar a energia já existente. É muito válido visualizar a atração e a expansão de sua reputação ao executar esta cura.

❁ *Energize sua reputação e fama, com a cor vermelha.*

Vermelho é a cor do Gua da Fama, assim como a cor mais usada no Feng Shui. A presença do vermelho neste local servirá para fortalecer sua reputação. Essa cor pode ser acrescentada ao Gua da Fama da sua casa, do seu quarto, do seu escritório ou nos três locais. Ao realizar esta cura, visualize uma reputação poderosa e expansiva.

❁ *Acrescente força e justiça à sua fama, com uma flauta.*

Uma flauta de bambu será uma grande aliada na melhoria da sua reputação. A flauta adequada acrescenta força, justiça, proteção e bons presságios: uma grande combinação para elevar a reputação. Use uma flauta que possua as divisões de seus segmentos intactas, não lixadas. Se ela for lisa, seu poder é menor. (Veja na página 88 o tipo de flauta a usar e o modo de pendurá-la.)

Visualize uma reputação positiva crescente em sua vida.

❁ *Gere chi de reputação, com artigos elétricos.*

Aparelhos elétricos também podem gerar energia positiva para a reputação. Experimente colocar um em seu Gua da

Fama ao mesmo tempo que visualiza que ele está constantemente gerando uma reputação positiva para você. Se já houver um aparelho elétrico neste Gua, verifique se está em boas condições de funcionamento e visualize que ele ajuda você a criar uma reputação poderosa.

Tenha mais gente tecendo elogios, com a energia do som.

Um gerador de som funciona bem para aumentar sua boa reputação. Qualquer instrumento que produza som pode ser usado. As opções tradicionais incluem o sino comum, o mensageiro dos ventos e o gongo, mas as variantes modernas também funcionam, seja um sistema de som ou um telefone. Escolha um e coloque-o no Gua da Fama, visualizando que o som deste "gerador" é emitido constantemente, alcançando muita gente (conhecida ou não) e criando uma reputação poderosa para você.

Método II: Interrompa o Escape de Chi

Interrompa o escape da energia da fama "dispersando" o chi.

Uma porta ou janela grande no Gua da Fama pode fazer com que fama, riqueza e saúde se evadam, especialmente se um caminho levar da porta da frente para a de trás em linha reta. Se sua fama estiver deficiente, este é um ponto importante a verificar na sua casa. Essa situação de "rodovia energética" pode criar o "escape do chi", causando muitos efeitos negativos na vida.

A melhor técnica é colocar uma "cura de dispersão" no meio do caminho entre as entradas da frente e a de trás para espalhar por toda a casa a energia que entra pela porta da frente. Esta cura pode ser um artigo de pendurar, como um sino dos ventos, uma bola de cristal ou um móbile. Se houver espaço suficiente, uma planta, uma estátua, uma mesa com arranjo de flores ou outra instalação caem bem.

Se a opção acima não for possível, uma boa alternativa é pendurar um mensageiro dos ventos ou uma bola de cristal na parte de dentro junto às duas portas, para manter o chi na casa e na sua vida.

Aspectos aquáticos no Gua da Fama

Como o fogo é o elemento energético simbólico para esta área de sua casa, o elemento antagônico, a água, pode amortecer sua reputação se estiver localizado neste Gua. Recomenda-se retirar fontes, aquários e outros aspectos aquáticos que possam estar neste Gua. Eles podem ser substituídos por uma das curas de energia luminosa encontradas nesta seção.

Tanto uma como outra cura devem ser penduradas com uma fita vermelha que tenha 9cm ou seu múltiplo, mentalizando-se que o chi se espalha pela casa, alimentando todas as áreas da vida, especialmente as mais carentes.

Método III: Considere Seu Futuro, com um Mapa do Tesouro

❁ *Alcance o destino desejado, com um mapa do tesouro.*

Como o Gua da Fama relaciona-se com a visão e projeção do seu futuro, é benéfico colocar uma representação do futuro desejado no Gua da Fama de sua casa ou quarto. Esta cura pode ser criada com um "mapa do tesouro": uma colagem feita de fotos, palavras e outras imagens positivas de como você deseja que a sua vida seja.

Extraído de seu cérebro direito e da consciência criativa, um mapa do tesouro colocado visivelmente em um Gua da Fama é uma ótima influência para seu futuro. Objetivos escritos também podem ser colocados de forma proeminente neste Gua. Visualize com bastante freqüência este futuro ocorrendo.

9

Amigos e Pessoas Prestativas

ESTAS CURAS ENVOLVEM PESSOAS que o ajudam, incluindo amigos, benfeitores e aqueles que ajudam você, simplesmente por prazer. Elas podem aumentar seu número de amigos e pessoas prestativas. Neste capítulo, você aprenderá como fortalecer esses importantes contatos e tornar sua rede de amigos mais forte e ampla.

Ação, movimento e atração são boas qualidades energéticas a criar neste Gua para atrair mais pessoas prestativas para sua vida.

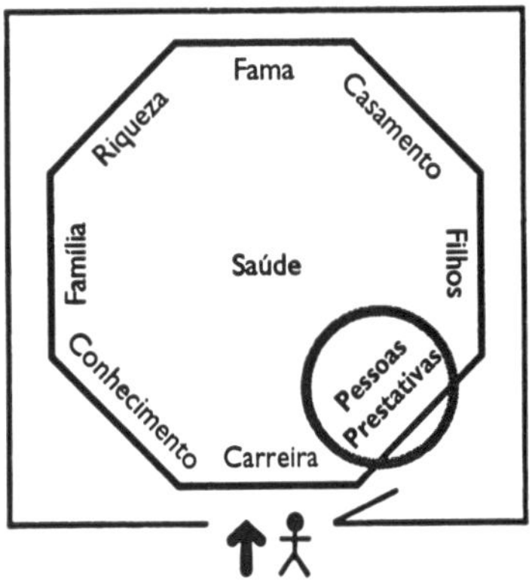

O Gua das Pessoas Prestativas

❁ Atraia pessoas prestativas, com um espelho.

Um espelho sólido pode ser colocado no Gua das Pessoas Prestativas para atrair mais gente que seja altamente benéfica à sua causa. Para obter efeitos absolutos desta cura, visualize que os ajudantes estão sendo atraídos de direções previsíveis ou não. (Veja as observações relativas a espelhos na página 65.)

❁ Gere mais pessoas prestativas, com uma biruta.

Uma biruta (ou uma bandeira colorida) acrescentará a energia da cor a este canto da sua casa e da vida. Quando esta cura é pendurada do lado de fora, com uma fita vermelha (cortada num comprimento de 9cm ou seu múltiplo), sua cor e seu movimento geram um chi ativo e amigos prestativos. Visualize que um grande número de pessoas está sendo atraído para sua causa.

❁ Ative seus ajudantes, pendurando suas fotos.

Outro modo de conseguir ajuda na vida é colocar uma ou mais fotos de pessoas que possam ajudá-lo no Gua das Pessoas Prestativas de sua casa ou quarto. Esta cura é ainda mais fortalecida, se cada foto receber um laço de fita vermelha, de nove centímetros de comprimento. Ao pendurá-las, visualize que essas pessoas estão vindo em seu auxílio.

❁ Receba ajuda, visualizando cinco ajudantes no olho mental.

Esta cura se realiza puramente no nível mental e mesmo assim é muito eficaz. Para atingir um objetivo ou receber ajuda em um problema que esteja enfrentando, visualize através do seu olho mental os rostos de cinco pessoas que possam ajudá-lo. Observe-as colaborando para que seus objetivos e necessidades sejam alcançados. Esta cura será fortalecida, se realizada durante nove dias consecutivos. É ainda melhor se for feita na hora de dormir, à mesma hora, toda noite, por nove noites.

Conquiste mais contatos, acrescentando água corrente.

Segundo a Teoria dos Cinco Elementos, água em seu estado corrente cria mais contato entre as pessoas. Portanto, uma cura com água corrente é um bom modo de aumentar sua rede de amigos e ajudantes. Coloque uma fonte no Gua das Pessoas Prestativas da casa, da empresa ou do escritório. Acrescentar uma folha verde, fresca, na água da fonte ocasionalmente pode ajudá-lo na carreira. Obtenha o benefício máximo visualizando que muita gente querendo ajudar você flui para sua vida.

Aumente ajuda, sorte e proteção, com um aquário.

Um aquário é outra cura excelente para o Gua das Pessoas Prestativas, favorecendo sua sorte, protegendo você e aumentando o número de pessoas que ajudam você. O melhor número de peixes é nove. Segundo o Professor Lin Yun, para obter mais poder, cada múltiplo de nove deve conter oito peixes dourados vermelhos e um preto. Se um morrer, é porque estava protegendo você de um acontecimento negativo ou de um ataque. Substitua o peixe morto, imediatamente para manter o aquário no máximo da eficácia.

Ao realizar esta cura, tenha em sua mente um quadro vívido de melhor sorte e proteção.

✿ *Envie a palavra com o poder do som.*

O poder energizante do som pode alcançar as pessoas com quem você precisa estar em contato. Um sino dos ventos no Gua das Pessoas Prestativas do seu quarto, da sua casa ou do seu escritório enviará esta mensagem.

O melhor tipo de mensageiro dos ventos é o de metal, com um som claro que seja do seu agrado. Pendure seu mensageiro com uma fita vermelha cortada num múltiplo de 9cm. O mensageiro será eficaz, mesmo do lado de dentro, onde não sopra vento. Para impulsionar esta cura, você pode tocá-lo nove vezes em qualquer dia. Visualize o som do mensageiro despertando muita gente que virá em seu auxílio.

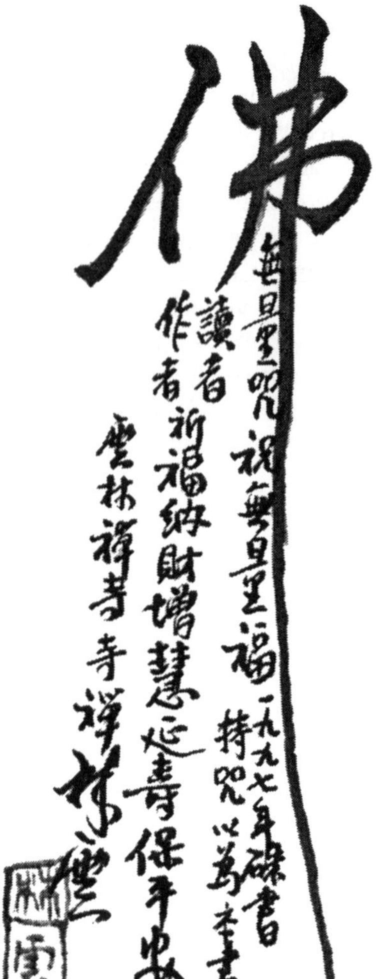

"Buda"

10

Conhecimento e Auto-aperfeiçoamento

ESTE CAPÍTULO ENFOCA as áreas internas da vida: o aumento de sua sabedoria e inteligência e a promoção do seu auto-aperfeiçoamento e crescimento pessoal. Estas curas edificarão sua "vida interior": o mundo dos estudos, a reflexão e a compreensão espiritual. Esses valores são cultivados pelo melhoramento nos Guas do Conhecimento, localizados na área esquerda da frente da sua casa, do seu quarto e do seu escritório.

Melhorar o chi do Gua do Conhecimento e realizar outras curas para conhecimento e sabedoria ajudarão você a:

- **Aumentar sua inteligência e intuição.**
- **Pensar mais claramente e tomar as melhores decisões.**
- **Melhorar sua auto-estima.**
- **Desfrutar de paz e tranqüilidade.**

Este é também um bom Gua onde realizar curas que aumentem seu talento Feng Shui. Todas as curas presentes neste capítulo podem realçar uma ou mais das qualidades citadas acima. Sua visualização, como sempre, é fator determinante para o fortalecimento e eficácia de suas curas.

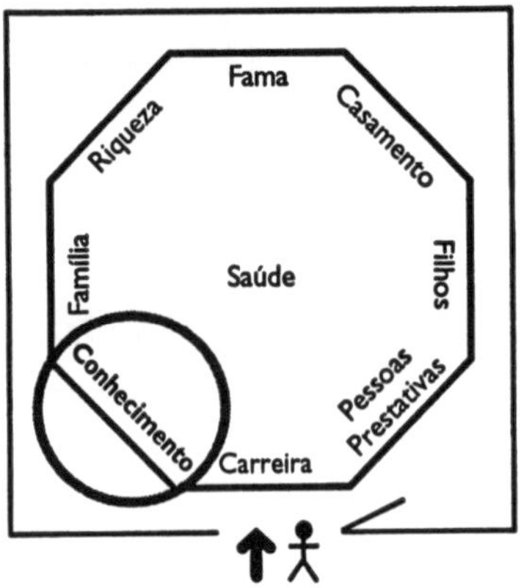

O Gua do Conhecimento

Método I: Abrilhante, Estimule e Desperte o Chi do Conhecimento

❁ *Ilumine sua mente, com uma luz no Gua do Conhecimento.*

O Gua do Conhecimento do Ba-Gua é um local especialmente favorável para curas luminosas. Uma luz brilhante neste Gua do seu quarto terá um efeito intensificador sobre o intelecto e a percepção. Ao realizar esta cura, visualize que idéias brilhantes e úteis chegam até você.

❁ *Desperte mais poder intelectual, acrescentando um mensageiro dos ventos.*

A qualidade desperta do som provoca um impacto positivo sobre a mente, de várias maneiras. Um mensageiro dos ventos ou um sino de bronze no Gua do Conhecimento podem atuar como um "relógio despertador para o cérebro", despertando um potencial mental adormecido. Esta cura pode ser colocada no Gua do Conhecimento da sua casa, escritório ou quarto. Ao executá-la, visualize que sua sabedoria e energia mental estão despertando e crescendo.

❁ *Atraia novas fontes de aprendizado, com um espelho de bom tamanho.*

Se quiser atrair novas informações sobre uma matéria, um espelho será seu aliado no Gua do Conhecimento. O poder do espelho em combinação com sua intenção atrairá novos conhecimentos e exaltará o já existente. O quarto é o local mais poderoso para esta cura, mas os Guas do Conhecimento da casa, do escritório domiciliar e da sala de estar também são bons. Para maximizar esta cura, faça uma mentalização bem vívida de muitas novas fontes de aprendizado tornando-se disponíveis.

❁ *Desenvolva novas idéias e sabedoria, com uma planta nova e alegre.*

As plantas são uma grande fonte de vida nova e chi saudável, vital. São uma ótima maneira de fazer os pensamentos, conceitos e respostas de que você precisa se desenvolverem e se fortalecerem.

Uma planta viçosa (recém-adquirida para esta cura) colocada no Gua do Conhecimento do seu quarto, casa ou escritório ajudará você a crescer em sabedoria e entendimento. Como o azul é a cor do Ba-Gua para o conhecimento, esta cura será fortalecida pelo uso de plantas que contenham flores azuis. Elas precisam manter-se saudáveis todo o tempo. Substitua-as rapidamente se começarem a murchar.

Esta cura será mais poderosa, se você visualizar o chi da planta acrescentando seu conhecimento, com idéias novas e eficazes brotando freqüentemente.

❁ *Fortaleça e proteja sua mente, com flautas de bambu no Gua do Conhecimento.*

As flautas são ferramentas altamente recomendadas, que podem ser usadas para curar diversos locais da sua casa. Pendure uma no Gua do Conhecimento do seu quarto para enaltecer bastante este setor da vida. (Para assegurar os melhores resultados, veja a página 88.) Visualize que a flauta está ajudando sua mente a ficar mais fortalecida e equilibrada.

Acalme uma Mente Caótica ou Estimule Suavemente o Pensamento

Dispõe-se de várias curas para o Gua do Conhecimento que estimulam o pensamento ou criam mais calma e paz de espírito:

- Pendure um móbile de movimento suave neste local. Seus movimentos circulantes ativarão novos pensamentos e conceitos.
- Instale uma fonte no Gua do Conhecimento da sua casa ou do pátio. O fluxo de água simboliza capacidade criativa e novas percepções.
- Coloque um reservatório de água clara no canto do conhecimento do pátio. A água parada representa a natureza calma e espelhada da mente.

Para obter o máximo de benefícios, visualize claramente seu desejo enquanto executa a cura de sua escolha.

❁ *Ative sua mente, com objetos móveis.*

Para "limpar" as teias de aranha da massa cinzenta, coloque um objeto móvel elétrico, como um ventilador, um móbile a pilha ou uma escultura móvel no seu Gua do

Conhecimento. Esta cura pode ser feita no Gua do Conhecimento da sua casa, do quarto, do escritório ou do pátio. Instrumentos externos para esta cura incluem birutas de cores luminosas, cata-ventos e bandeiras. Estas curas combinam as energias da cor e do movimento para criar um efeito poderosamente estimulante.

Use visualização positiva para estimular os importantes elementos internos desta cura.

Método II: Eleve a Clareza Pessoal com Cristais

❁ *Realce a clareza mental e as decisões, com um cristal.*

Uma cura eficaz para elevar a clareza mental e expandir os pensamentos é pendurar uma bola de cristal facetado no Gua do Conhecimento da sua casa, escritório ou quarto, ou uma em cada local. Pendure a bola com uma fita vermelha cortada em 9cm, ou seu múltiplo, para obter eficácia máxima.

Ao posicionar este cristal, visualize cada faceta do cristal abrindo sua mente para uma nova dimensão de compreensão e conhecimento. Veja os pensamentos dispersivos e inúteis sendo varridos. Sua mente está afiada e lúcida, ajudando você a ser bem-sucedido em todas as áreas da sua vida.

❁ *Expanda seu conhecimento, com um cristal sobre seu assento.*

Pendure uma bola de cristal (sempre com uma fita vermelha) sobre sua cabeça no local onde você se senta diante da escrivaninha, para criar benefícios gerais para sua carreira ou para protegê-lo de ataques. Esta cura estimula a expansão do conhecimento e das idéias, acrescentando um pensamento mais nítido, melhores decisões e uma boa perspectiva do futuro. Como parte dela, visualize uma clareza mental recém-descoberta e a dádiva do conhecimento de que você necessita.

Promova crescimento interior e paz, com um cristal sobre a cama.

Uma variação mais forte das curas anteriores é pendurar uma bola de cristal sobre a cabeceira da cama. Esta cura abrilhantará sua mente e ajudará a ampliar a consciência espiritual. Outros benefícios incluem ausência de dúvidas no que se refere a si mesmo, maior facilidade para adormecer, sonhos tranqüilos e uma sensação maior de calma e liberdade. Quando pendurar a bola de cristal, visualize os benefícios que almeja ocorrendo com rapidez e facilidade. Repetir a visualização antes de dormir, toda noite, dará ainda mais poder à cura.

Método III: Adapte Locais-Chave da Casa e do Escritório

Além das curas realizadas nos Guas do Conhecimento da sua casa e do quarto, os cômodos associados à atividade mental são locais importantes para a realização de mudanças positivas. Padrões de pensamento e hábitos mentais melhoram automaticamente quando os cômodos da casa e do ambiente de trabalho associados ao pensamento, reflexão e leitura são adaptados com Feng Shui. Esses cômodos incluem o escritório da casa ou do trabalho, a biblioteca e as salas de estudo e de estar.

❁ *Acrescente chi positivo, melhorando a iluminação geral nos cômodos do conhecimento.*

A luz bem clara acrescenta um chi positivo, criando otimismo e pensamento avançado. A penumbra cria um clima sombrio, reflexivo e talvez depressivo. Para que a perspectiva do futuro seja positiva, as janelas e espelhos devem ser limpos, claros e não bloqueados por plantas ou outros artigos. Visualize um pensamento mais claro ao realizar esta cura.

❁ *Aumente a energia mental, com plantas vivas.*

Energia viva, de crescimento, alimenta sua energia mental e eleva a produção de novos pensamentos. Use um número ímpar de plantas frescas e novas para reavivar seu conhecimento e poder de raciocínio. Visualize pensamentos novos e saudáveis se desenvolvendo.

❁ *Clareie sua mente, reduzindo a mobília e a desordem doméstica.*

Se não houver espaço suficiente para você caminhar livremente no escritório ou na sala de estar, há boas chances de que não haja muitas idéias novas e criativas surgindo desses locais. Um excesso de móveis leva a um excesso de livros, papéis, contas e outros amontoados não-resolvidos em sua vida. A triste verdade é que a maioria das pessoas tem um excesso de "coisas", cuja grande parte elas não usam ou não precisam de fato. Uns poucos tipos criativos conseguem desenvolver-se em meio a um ambiente caótico, mas o restante fica estorvado quando cercado por toneladas de pertences. Há uma única solução: ver-se livre de tudo!

Visualize nova liberdade, abertura, aprendizado e movimento ocorrendo em sua vida ao limpar o espaço.

❁ *Reduza o estresse mental — organize-se ou livre-se de todos os artigos desnecessários.*

Não só a quantidade de coisas que você tem é importante, mas também seu estado de organização. Uma escrivaninha e um escritório em perpétuo estado de caos congelam preciosos circuitos cerebrais que precisam fazer hora extra para lidar com o estado de desorganização. O modo mais fácil, poderoso e importante de ser mais organizado é muito simples: *tenha menos coisas*. É praticamente impossível se organizar se você tiver um excesso de pertences.

É útil perceber que cada pertence desnecessário retém parte da sua energia pessoal, tanto emocional quanto mental. Livrar-se de coisas de que você não precisa *de verdade* faz com que aquela energia retorne diretamente a você, aumentando vitalidade, liberdade, criatividade e energia. Uma boa regra geral é que, se algo não tiver sido usado por seis meses, provavelmente nunca o será. Recicle aquilo impiedosamente e desfrute de uma vida mais desanuviada e fácil. Como sempre, visualize clareza e conhecimento crescente ao realizar esta cura. (Veja também "Curas para Desfazer a Desordem", nas páginas 181-2.)

❁ *Eleve o aprendizado e o estudo da família com livros à mostra.*

Uma boa cura para promover inteligência e aumentar o desejo de aprender em todos é colocar os livros (organizadamente) à mostra, de modo que possam ser vistos assim que se entra pela porta da frente. Essa primeira impressão cria um lembrete para aprender e crescer mentalmente. Visualize que esta cura o ajuda e que o conhecimento e a sabedoria estão aumentando.

Método IV: Use as Cores do Conhecimento

Capacite sua compreensão, com cores do conhecimento.

Pintar a sala de estar com uma tonalidade agradável de azul ou verde pode estimular o conhecimento de todos na casa. Esta cura também traz saúde, paz e mais conforto para a residência. Em muitas casas, uma sala de estar branca pode ser desconfortavelmente fria e um pouco estéril, não contribuindo para a unidade e desenvolvimento familiares. Azul e verde também são ótimas cores para quartos; elas acrescentam cura, paz e vida nova, assim como estimulam inteligência e sabedoria.

Visualize os resultados desejados acontecendo, quando você acrescentar essas cores à sua casa.

11
Situações Especiais

ESTE CAPÍTULO ESTÁ CHEIO de curas especiais que podem ser usadas para ajustar o chi de diversas áreas importantes de sua vida:

- Favorecimento de sorte e felicidade
- Viagens
- Segurança e proteção
- Força emocional e conquista de objetivos
- O carro e a direção
- Desfazer a desordem

Curas para Favorecer Sorte e Felicidade

Aumente sua sorte e proteção, com um espelho Ba-Gua.

Uma excelente cura universal para a boa sorte, ótimo Feng Shui e proteção é colocar um espelho Ba-Gua acima da porta principal, do lado de fora da casa. Um espelho Ba-Gua possui uma moldura octogonal vermelha e verde decorada com os oito símbolos do *I Ching*, com um espelho redondo no centro. O espelho Ba-Gua representa equilíbrio em todas as áreas da

Um espelho Ba-Gua pode ser colocado acima da porta principal.

vida, atrai circunstâncias auspiciosas e protege a casa contra energias negativas. Ao colocar esse espelho, visualize o melhor que a vida tem a oferecer dirigindo-se a você este ano!

❁ *Solicite melhor sorte e vida, pintando a porta de vermelho.*

Possuir uma porta vermelho-vibrante pode dar o necessário impulso à sua sorte, pois o vermelho é a cor Feng Shui que carrega os melhores "presságios" e "poder curativo". Como a porta principal representa toda a casa, o vermelho neste ponto-chave é um bom presságio para todas as riquezas, simbolizando um excelente futuro para a família. Esta é uma ótima cura, se houver necessidade de uma grande mudança existencial, reversão da sorte ou ajuda de fontes conhecidas ou não. Não deixe de visualizar que a ajuda desejada está vindo em sua direção, auxiliada pelo poder da cor vermelha.

❁ *A navegação é tranqüila quando tudo funciona tranqüilamente.*

É muito importante prestar atenção às condições de funcionamento, estado e conservação de todas as partes da

Curas Feng Shui e Artigos Quebrados

É possível fazer uma leitura da parte de sua vida que é afetada por um artigo quebrado, verificando a área do Ba-Gua em que ele se encontra. Uma vez consertando-o, você terá realizado a cura para aquela área da vida! Esta cura será maximizada, se você visualizar que está alcançando sucesso naquela área.

Qualquer aparelho, maçaneta e outros caracteres domésticos que parecem "resistir" ao conserto ou se mantêm consertados são de importância energética especial. A conduta recomendada é a de perseverar até que a vitória seja alcançada. Sua energia e sua vida valem isso, e você certamente experimentará os benefícios.

casa. Itens quebrados, funcionando mal ou em mau estado de conservação podem trazer mau agouro para sua sorte e prosperidade. Falta de manutenção cria obstáculos sutis que podem surgir de modo inesperado e frustrante. Manter pertences quebrados em volta ou guardados no porão ou armário simboliza energia decadente – um estado de coisas definitivamente indesejado.

Mude sua energia com a cor dos lençóis.

Seu chi pessoal pode ser modificado de várias formas com a troca das cores dos lençóis da sua cama. Esta simples cura é um modo excelente de ajustar seu chi para a conquista dos objetivos existenciais.

Cores da Roupa de Cama	Áreas Existenciais Assistidas
Cor-de-rosa	Relacionamentos
Verde	Cura, vitalidade, família, um novo começo
Amarelo	Saúde
Roxo	Riqueza
Azul	Conhecimento

O vermelho é uma das cores mais fortes para curas Feng Shui. Lençóis dessa cor podem ser usados para curas de saúde, riqueza, força e vitalidade. Uma parte fundamental da cura da troca das cores da roupa de cama é visualizar com toda a força de propósito seu desejo ocorrendo quando puser o novo lençol na cama.

O Sistema Feng Shui de Cores para Melhorar a Sorte e Ter uma Vida Melhor

Esta cura para todos os fins destina-se a mudar sua sorte ou ajudá-lo em qualquer área da vida. Juntamente ao uso das curas com cores individuais discutidas nos capítulos anteriores, o Professor Lin Yun ensina três métodos adicionais para o uso poderoso das cores.

O Sistema de Cores dos Cinco Elementos. Este sistema usa as cores que representam os Cinco Elementos da teoria energética chinesa (veja a página 104). As cores são preto (água), verde (madeira), vermelho (fogo), amarelo (terra) e branco (metal).

O Sistema das Seis Cores Verdadeiras. Este sistema usa branco, vermelho, amarelo, verde, azul e preto, que no Budismo Tibetano são chamadas de Seis Cores Verdadeiras. Ao serem usadas com intenção positiva, simbolizam e projetam poderosa cura de saúde e de significado espiritual.

O Sistema das Sete Cores do Arco-Íris. Este sistema utiliza as sete cores do arco-íris: vermelho, alaranjado, amarelo, verde, azul, índigo e violeta. Usando as cores do arco-íris, você está cobrindo toda a luz visível do espectro, simbolicamente "abrangendo todas as bases" e pedindo assistência das forças superiores.

O uso dos Sistemas das Cores para Bênçãos e Benefícios.

Qualquer dos sistemas de cores pode ser aplicado a qualquer Gua onde você precise mudar ou melhorar sua sorte. Este método de cura é bastante versátil e funciona para praticamente qualquer necessidade existencial. Como ele cria equilíbrio usando uma variedade de cores, pode ser usado por qualquer razão, em qualquer Gua da sua casa ou escritório. O método de cura é muito simples: escolha o sistema de cores (de Cinco, Seis ou Sete Cores) que achar melhor para o seu caso. Coloque todas as cores no Gua que deseja realçar. Pode-se usar um item contendo todas as cores, ou itens diferentes, cada um com uma das cores do sistema escolhido. Se o objeto for luminoso e atraente, será mais eficaz do que se for pequeno e difícil de notar. Visualize que as bênçãos o alcançam imediata e continuamente. Veja as cores que escolheu tornando seus desejos realidade de modo rápido e fácil.

Esta cura pode ser aplicada de vários modos por toda sua casa; cada vez que instalar as cores, tenha certeza de mentalizar a sorte melhorando e acontecimentos positivos atravessando seu caminho.

Crie boa sorte, vestindo as Cinco, Seis ou Sete Cores como auxílio especial.

Com um pouco de engenhosidade, a cura acima também pode aplicar-se às cores de sua vestimenta. Se certo dia você precisar de ajuda especial das "fontes superiores", aumente suas chances de recebê-la, usando todas as cores de um dos três sistemas. Pode-se usar um artigo separado para cada cor (nem todas precisam ficar visíveis) ou um único artigo (camisa, blusa, por exemplo) que possua todas elas. Os melhores resultados provêm da combinação exata das cores dos sistemas especificados acima.

Esses esquemas de cores podem ou não se encaixar no seu padrão de se vestir, mas certamente são muito eficazes para mudar sua sorte e prosperidade. Não deixe de visualizar os objetivos desejados ocorrendo, ao usar as cores escolhidas.

Curas para Viagens

Retenha a energia, escolhendo cuidadosamente seu quarto de hotel.

Ao viajar, seu chi pode ficar enfraquecido pelas longas horas na estrada ou no ar. Sua necessidade de equilíbrio e descanso aumenta nessas horas. Uma das principais curas a usar em viagens é a escolha cuidadosa do quarto de hotel onde você ficará.

Muitos hotéis e motéis têm diversos andares. Algumas pessoas olham vários quartos, antes de escolher o que mais lhes agrada. Se você for sensível ao barulho, procure um que seja afastado do tráfego, dos elevadores e de máquinas de venda.

Tenha uma boa estada – escolha um quarto que tenha a cama na Posição de Comando.

Uma cama afastada da porta e numa posição onde ela possa ser vista é o melhor para se obter a sensação de poder e proteção. Se estiver numa suíte, o ideal é que a porta do quarto seja visível da cama. É também desejável que o caminho que leva à porta não passe diretamente pela cama. (Veja diversas orientações para a Posição de Comando e ótimo posicionamento da cama, na página 79.) Esta cura é maximizada se você visualizar a viagem sendo auspiciosa e feliz.

❁ *Sinta-se seguro, tornando visível uma porta escondida.*

Muitos quartos de hotel são projetados para que você não consiga ver a porta quando está deitado na cama. Se este for o caso, você estará numa posição energética enfraquecida. Essa posição cria uma sensação de inquietude e falta de segurança. Às vezes, pode-se resolver a situação. Um espelho, por exemplo, pode ser colocado no chão ou sobre uma mesa ou cadeira em um ângulo que lhe permita ver a porta quando você estiver deitado na cama. Visualize maior segurança e controle sobre as circunstâncias da viagem para obter os melhores resultados ao realizar esta cura.

❁ *Aumente a riqueza, com um espelho no canto da riqueza.*

A riqueza pode ser impulsionada com a colocação de um espelho no canto da riqueza do quarto, uma cura especialmente boa se coincidir com a anterior. Visualize riqueza crescente, ao reposicionar o espelho.

❁ *Viaje com segurança, levando sua bola de cristal.*

Leve uma bola de cristal facetada, com algumas fitas vermelhas e percevejos para fixação. A bola de cristal pode ser instalada sobre sua cabeça na posição de dormir (na parede costuma ser mais fácil). O cristal terá o efeito de equilibrar o chi sobre sua cabeça, criando paz, equilíbrio e tranqüilidade mental. Esta é uma cura para todos os fins em viagens. Ao usá-la, visualize qualquer objetivo que desejar — clareza, bom descanso, segurança, viagem auspiciosa e/ou riqueza.

❁ *Aumente a segurança e o estado de alerta, com um sino de bronze.*

Outra boa cura para se carregar na bagagem é um sino de bronze, que pode ser pendurado na maçaneta da porta como cura adicional de segurança, ou diante de um canto que esteja na mira da cama. Ao colocar o sino, visualize maior segurança e equilíbrio.

❁ *Acabe com os Campos Eletromagnéticos, antes que eles acabem com você.*

Aparelhos elétricos podem acabar com os campos energéticos físicos. Afaste relógios elétricos, rádios e outros aparelhos para uma distância de pelo menos sessenta centímetros a um metro de sua posição de dormir. Outra opção é usar um relógio despertador a pilha ou o serviço despertador do hotel, de modo que você possa desligar todos os aparelhos elétricos à noite. A televisão é um veículo especialmente insidioso de campos magnéticos. Você se sentirá mais descansado quando ela estiver desligada da tomada. Visualize mais saúde ao fazer isso.

❁ *Retenha o chi pessoal, fechando os escoamentos.*

Feche a porta do banheiro e todos os escoamentos existentes no seu quarto de hotel. Ao fazer isso, visualize que seu chi pessoal fica retido. (Veja a página 100, para mais curas de vedação de escoamentos.)

Curas de Segurança e Proteção

✿ *Fortaleça os limites psíquicos e a autoproteção, com espelhos.*

Espelhos são grandes auxiliares para a proteção de pensamentos, sentimentos e projeções indesejadas de outros. Esta cura é favorável para ameaças de nível físico, psíquico ou espiritual. Uma aplicação é para vizinhos que nutrem desejos desfavoráveis. (*Nota*: Use esta cura somente com compaixão e para autoproteção, nunca para "dirigir" energia a outra pessoa.)

Pode-se colocar um espelho do lado de fora ou de dentro da casa, na parede mais próxima da zona problemática, com o lado que o espelho reflete dirigido para a fonte de energia negativa. Outro modo de realizar esta cura é colocar seu espelho de proteção em qualquer lugar do Gua mais associado com a área problemática da sua vida. Os espelhos octogonais são especialmente poderosos para esse tipo de cura. Ao executá-la, não deixe de visualizar que um limite claro e poderoso foi estabelecido e que você está seguro e protegido.

✿ *Acrescente proteção e um toque de realeza, com Cães Fu.*

Caso sentir necessidade de proteção, outra cura é a colocação de um par de Cães ou Leões Fu do lado de fora da porta principal da sua casa. Essas criaturas são os leões chineses ou as bestas, que são uma mistura de leão e cão vistos do lado de fora dos restaurantes e lojas chineses. Seu porte suntuoso e natureza feroz simbolicamente amedrontam qualquer energia ou indivíduos negativos que se dirijam a você. Cada um deles deveria ficar posicionado num lado da Boca do Chi ou entrada principal.

Leões grandes e de boa qualidade são mais fortes. Eles podem ser encontrados em lojas de paisagismo e jardins e em catálogos de Feng Shui para pedidos postais.

Quando instalar seus guardiães, a ajuda será ainda maior se você visualizar que eles o estão protegendo e guardando a propriedade.

Mais proteção com bombinhas perto da porta principal.

Uma excelente cura para acrescentar energia de proteção à sua casa e à sua vida é pendurar um monte de bombinhas artificiais chinesas perto da porta da frente. (Se você morar numa área que seja próxima de uma colônia chinesa, poderá conseguir bombinhas simbólicas em muitas de suas lojas. São do tipo que não explodem.) Visualize a energia "explosiva" simbólica desta cura repelindo todos os espíritos, pessoas e acontecimentos negativos.

Cura para Fortalecimento Emocional e Conquista dos Objetivos

Solicite poder pessoal realçando o centro.

O centro da casa ou quarto é ponto-chave para ajustes de modo a elevar a força interior, inclusive a emocional. Este é um local favorável também para curas que melhoram a auto-estima e a autovalorização. Pode-se pendurar um mensageiro dos ventos ou uma bola de cristal facetada, com uma fita vermelha (cortada em 9cm ou seu múltiplo), no centro da sua casa ou do seu quarto. Ao fazê-lo visualize seu âmago mais profundo sendo fortalecido e as emoções sendo equilibradas.

Curas para o Carro e a Direção

❁ *Crie segurança e tranqüilidade ao dirigir, com uma bola de cristal.*

A energia do carro e seu conforto ao dirigir podem aumentar se você pendurar uma bola de cristal facetada, no espelho retrovisor. Use uma fita vermelha para maior eficácia. Veja seu carro e sua vida sendo protegidos e abençoados, sempre que estiver atrás daquele volante.

❁ *Abençoe o carro com um cordão vermelho no volante.*

Um método simples que o Professor Lin Yun ensina para ajudar quem está na direção de um carro é amarrar uma fita vermelha de 9cm de comprimento no volante. Ao fazer isso, visualize que você está sempre avançando em direções auspiciosas ao dirigir e na sua vida.

❁ *Simplifique sua vida com um carro limpo e em boas condições de funcionamento.*

As condições de funcionamento e aparência do seu carro podem tanto ser um fator positivo que contribui para seu chi pessoal quanto uma influência que o denigre e debilita. Caso seu chi pessoal necessite de impulso, dê uma boa olhada em seu veículo. Se precisar ser lavado ou consertado, faça isso, e você estará afetando positivamente seu chi. Quando realizar esta cura, visualize um fluxo tranqüilo de energia e sucesso na sua vida.

Curas para Desfazer a Desordem

Se você tiver uma pilha ou amontoado específico que parece resistir às tentativas de organização, o Feng Shui tem algumas sugestões úteis. As curas em seguida são para espaços que ficam confusos devido a uma série de itens ali jogados e para pilhas específicas de uma mesma coisa que ficam ali paradas e resistem à desobstrução.

Cure a desordem com um mensageiro dos ventos.

Um mensageiro dos ventos é um aliado útil nas horas em que você precisar confrontar as desgraças de sua confusão. Pendure com uma fita vermelha um mensageiro dos ventos de metal que tenha um belo som sobre o amontoado que causa mais dificuldade. Visualize que o som do mensageiro cria um turbilhão positivo soprando a desordem e desobstruindo o local para sempre. Você irá se surpreender quando perceber, mais tarde ou no dia seguinte, que possui energia renovada para dar conta daquela pilha de uma vez por todas.

Quando esse local for desobstruído, o mensageiro poderá ser recolocado sobre o próximo amontoado que precisar de atenção; repita o mesmo que acima. Não perca de vista o primeiro local: se ele começar a encher de novo, talvez seja preciso manter um sino permanente ali.

Inicie a cura da desordem com uma peça.

Esta cura é adequada para um espaço confuso que causa desânimo até para começar sua desobstrução. A técnica é muito simples: dê cabo de uma única peça do amontoado, não importando seu tamanho. Cada vez que passar por ali, veja se consegue livrar-se de mais um artigo. Fortaleça cada ato com visualização. Esta é a chave para a eficácia desta cura (assim como para todas as outras deste livro). Veja através de seu olho mental que a energia do espaço está completamente mudada, com as peças começando a sair dali por si próprias e dirigindo-se ao arquivo ou caixa adequados, ou então para a lata de lixo.

Manipule a desordem definitivamente, colocando-a sobre rodas.

Às vezes a desordem não irá se mover simplesmente porque ficou no mesmo lugar por tanto tempo, que chegou a criar raízes. Esta cura é para as coisas que você realmente não deseja mexer, agora ou mais tarde. Primeiro, use as duas curas anteriores sobre a desordem. Se precisar de mais cavalos de força, ponha a pilha de coisas sobre um carrinho e leve-a para outra parte da casa. Mude o carrinho para um novo lugar a cada dia durante nove dias consecutivos, cada vez visualizando que fica mais fácil dar conta daquilo.

No final dos nove dias será bem fácil lidar com a situação, ou você estará realmente desejando se livrar da bagunça — cogitando por que não fez isso há muito tempo!

12

Intensificação das Curas

NESTE CAPÍTULO VOCÊ APRENDERÁ princípios e técnicas que fortalecerão suas curas Feng Shui e mudanças existenciais.

Uma técnica especial ensinada pelo Professor Lin Yun para realçar as curas é a dos "Três Segredos de Reforço". Os Três Segredos são parte integral de cada cura e essenciais para seu sucesso criativo.

Neste livro, damos muita ênfase ao uso da visualização em cada cura para a obtenção dos resultados desejados. A visualização, no entanto, é só um dos Três Segredos. Usar os três juntos produz um efeito muito maior. Os Três Segredos são: *Segredo Corporal* (posição sagrada das mãos), *Segredo da Palavra* (oração ou mantra) e *Segredo Mental* (visualização). (*Nota*: Neste contexto, "segredo" significa "método interior poderoso".)

Os Três Segredos Explicados

O Segredo Corporal

O Segredo Corporal usa um gesto sagrado de mãos para alinhar sua energia física. O gesto manual recomendado é o Gesto de Expulsão, feito com os dedos médio e anular, que num impulso se lançam da palma.

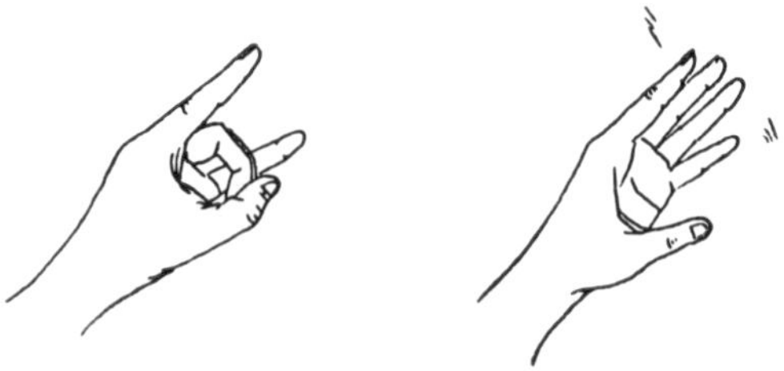

O Segredo Corporal: início e realização

O movimento de expulsão é feito nove vezes seguidas, com a mão esquerda pelos homens e com a direita pelas mulheres. (O nove simboliza realização e conquista.) Esse movimento expulsa bloqueios e impedimentos de sua vida e saúda os benefícios positivos desejados. Pode-se também usar outro gesto manual sagrado, como o de oração, com as palmas juntas, ou qualquer outro gesto de meditação que se prefira.

O Segredo da Palavra

O Segredo da Palavra dá mais poder às curas através da palavra pronunciada, assim como uma oração ou mantra, usando a poderosa energia da sua voz para fortalecer a cura. As palavras sagradas recomendadas são as "Seis Sílabas Verdadeiras": **Om Ma Ni Pad Me Hum**. Essa antiga oração gera equilíbrio, harmonia e compaixão. Outras palavras ou orações podem ser usadas, como Om, Amém, o Pai-Nosso, *paz* ou *amor*. O efeito que a palavra sagrada exerce sobre a pessoa que a pronuncia é mais importante do que aquilo que é dito. Repita o Segredo da Palavra em voz alta ou para si mesmo, por nove vezes seguidas.

O Segredo Mental

O Segredo Mental é visualizar, um método poderoso e eficaz de gerar mudanças existenciais. Nessa etapa, a pessoa visualiza de modo realista os acontecimentos, condições e cenas que deseja para sua vida. Podem-se usar as visualizações sugeridas para as curas neste livro ou as próprias de cada um. Quanto mais nítido for o quadro mental, melhor. Visualize o que deseja de modo tão realista, que chegue a sentir como se estivesse acontecendo naquele momento.

Chaves para Visualizações Eficazes

O Professor Lin Yun dá duas dicas importantes para a visualização:

Visualize em detalhe. Veja seu desejo ocorrendo com o máximo possível de detalhes.

Visualize em três estágios de desenvolvimento:
(a) Veja o começo: o começo daquilo que deseja. (b) Veja o meio: a continuação e aperfeiçoamento do seu desejo.
(c) Veja a culminação: a conquista positiva do seu desejo.

Realizando Curas com o Reforço

Agora aqui está como colocar toda a cura num único pacote:

1. Faça as mudanças físicas em seu espaço: Pendure o espelho, coloque a fonte, etc.

2. Realize os Três Segredos de Reforço nestas três simples etapas:

Reforço	Ação
Segredo Corporal	Realize o movimento de expulsão nove vezes
Segredo da Palavra	Repita a(s) palavra(s) sagrada(s) nove vezes
Segredo Mental	Visualize o acontecimento dos resultados desejados

Cinco Princípios Importantes para o Sucesso do Feng Shui

Aqui se encontram cinco princípios importantes que podem ser usados para tornar as curas Feng Shui e as mudanças existenciais mais tangíveis e imediatas:

1. **Urgência.** Realize as curas o quanto antes possível, uma vez tendo percebido sua necessidade. Se possível, recomenda-se que sejam feitas dentro de três dias após serem reconhecidas como necessárias.

2. **Envolvimento.** Cada cura deve ser feita de modo completo. Empregue o máximo de seus esforços e intenções. Dê tudo de si e fique certo de obter o melhor de sua cura.

3. **Sinceridade e Expectativa.** Realize todas as curas com uma atitude sincera para obter os melhores resultados. Acreditar que elas estão funcionando ajuda a melhorar o chi de sua vida.

4. **Orientação do Alto.** Caso se sinta emperrado ou incerto com algo em seu Feng Shui, peça por orientação Divina da Fonte com a qual se sente mais ligado: Deus, Jesus, Buda, Alah.

5. **Perseverança.** Continue realizando curas! O Feng Shui é um processo contínuo, não uma experiência passageira. Quanto mais curas você executar, mais sua residência sustentará seus desejos. À medida que continuar fazendo mudanças, poderá perceber o surgimento de novas áreas da sua casa que precisam de atenção. Cuide disso com gosto!

Sobre o Autor

David Daniel Kennedy é o Presidente da Feng Shui International e discípulo do Professor Lin Yun, Mestre de Feng Shui. Ele dá consultas e aulas sobre o assunto em nível internacional e realiza programas de treinamento personalizados para praticantes de Feng Shui. Participou da Conferência Internacional de Feng Shui em 1996 e 1997, como orador, e também do Primeiro Congresso Internacional de Feng Shui, na Alemanha, em 1998. Seus trabalhos foram publicados em *A Antologia do Feng Shui*, e ele é colunista regular do *Feng Shui/the journal*.

Para aprender mais sobre Feng Shui, fazer consultas ou obter artigos para as curas ou o programa de aulas do autor, comunique-se com:

Feng Shui International
1563 Solano Avenue, Suite 127
Berkeley, CA 94707
888-470-2727
fax: 510-237-7374
http://www.fengshuiweb.com
E-Mail: dkennedy@earthlink.net

O Professor Thomas Lin Yun, PhD, é o líder da Seita Negra do Budismo Tibetano contemporâneo, escritor, conferencista, artista e filósofo eminente. Autoridade mundial em Feng Shui, ele realiza conferências nas principais universidades e organizações religiosas do mundo. Para receber um programa das atividades do Professor Lin Yun, comunique-se com o Templo Yun Lin:

Yun Lin Temple
2959 Russel Street
Berkeley, CA 94705
510-841-2347

Impresso no Brasil pelo
Sistema Cameron da Divisão Gráfica da
DISTRIBUIDORA RECORD DE SERVIÇOS DE IMPRENSA S.A.
Rua Argentina 171 – Rio de Janeiro, RJ – 20921-380 – Tel.: 585-2000